四特 教育系列丛书 SITEJIAOYUXILIECONG

看透学生的心理

《“四特”教育系列丛书》编委会 编著

吉林出版集团股份有限公司
全国百佳图书出版单位

图书在版编目 (CIP) 数据

看透学生的心理 /《“四特”教育系列丛书》编委会编著 .
—长春：吉林出版集团股份有限公司，2012.4
（“四特”教育系列丛书 / 庄文中等主编 . 教师全方位修炼）
ISBN 978-7-5463-8771-0

I. ①看… Ⅱ . ①四… Ⅲ . ①中小学生－学生心理－健康教育 Ⅳ . ① G479

中国版本图书馆 CIP 数据核字（2012）第 044856 号

看透学生的心理
KANTOU XUESHENG DE XINLI

出 版 人 吴 强
责任编辑 朱子玉 杨 帆
开　　本 690mm × 960mm 1/16
字　　数 250 千字
印　　张 13
版　　次 2012 年 4 月第 1 版
印　　次 2023 年 2 月第 3 次印刷

出　　版 吉林出版集团股份有限公司
发　　行 吉林音像出版社有限责任公司
地　　址 长春市南关区福祉大路 5788 号
电　　话 0431-81629667
印　　刷 三河市燕春印务有限公司

ISBN 978-7-5463-8771-0　　　　定价：39.80 元

前　言

学校教育是个人一生中所受教育最重要的组成部分，个人在学校里接受计划性指导，系统地学习文化知识、社会规范、道德准则和价值观念。学校教育从某种意义上讲，决定着个人社会化的水平和性质，是个体社会化的重要基地。知识经济时代要求社会尊师重教，学校教育越来越受重视，在社会中起到了举足轻重的作用。

“四特教育系列丛书”以“特定对象、特别对待、特殊方法、特例分析”为宗旨，立足学校教育与管理，理论结合实践，集多位教育界专家、学者以及一线校长、教师的教育成果与经验，围绕困扰学校、领导、教师、学生的教育难题，集思广益，多方借鉴，力求全面彻底解决。

本辑为“四特教育系列丛书”之《教师全方位修炼》。

教师的职业是“传道、授业、解惑”，教师的职责是把教学当成自己的终生事业，用“爱”塔起教育的基石，用自己的学识及人格魅力，点燃学生的兴趣，促进学生健康、快乐成长。

俗话说，教师不能半桶水。学生专业知识水平的高低，很大程度上受老师知识水平的影响，如果教师在教学中对教材分析不透，对知识重点把握不准，要点讲解不清，那么学生听过他的课就会产生一种模糊的、收获不大的感觉。因此，教师知识广博有助于学生学到真正的知识。本书从21世纪经济和社会发展的要求出发，从理论与实践的结合上，对21世纪教师素质及其修养的一系列问题，做了比较全面、系统、深入的阐述。应当说，这是一项十分有意义的工作。

本辑共20分册，具体内容如下。

1.《师魂》

教师被人们称为“人类灵魂的工程师”，担负着传授知识、传承文明、培养人才、提高民族素质的光荣任务。教师的最高境界需要“忙人之所闲，闲人之所忙”，从有到无，从无到有；从看教育是教育，到看教育不是教育，再到看教育还是教育，这就是对教育的最大贡献，让人的精神生活有生机、有活力、有智慧。

2.《以礼服人》

作为教师，要正确领会礼仪、礼貌、礼节、仪式等概念，领会礼仪的地位和作用，掌握教师礼仪的原则、方法，坚持科学发展观，为构建社会主义和谐校园而奋斗。教师的一举手一投足，甚至一颦一笑，都蕴含着教育的力量。本书从教师的个人形象、教师的服饰、教师的语言、师生关系礼仪、教师与家长沟通礼仪、同事共处礼仪、集会礼仪和社会交往礼仪等方面，系统阐述了教师礼仪的一些基本常识。

3.《教师的一生修炼》

本书将重点探讨如下诸方面的理论与实务：职业规划——自我实现的教育生涯、如何设计职业生涯、职业发展规划行动、教师入职与离职规划、新教师角色适应规划、教师专业发展规划、校长成长规则、职场诊断与修炼、潜能开发以及享受学习化教育生活等。

4.《育人先做人》

教师是学生智慧的启蒙者，学生未来的引领者。教师的质量决定了教育的质量；教师的品质决定了教育的品位。教师人格的完善能够提升教育的水准。教育职业对教师人格提出了严格的要求：教师应不断提升自我，完善人格。人格教育是一生的工作，提升自我、完善人生会伴随一个人一生的历程。

5.《教育语言随心用》

本书内容涵盖了教学语言艺术和教育语言艺术训练的方方面面。从宏观综论到微观剖析，从课堂艺术到辅导艺术，从艺术对话到精彩演讲，从个性张扬到群体发展，从全体教育到特殊教育，质朴无华，内容充实，观点鲜明，为教师深入研究和准确使用教学语言和教育语言提供了可以借鉴的经验。

6.《师者无敌》

本书编写的基本理念是：从内容构架而言，以促进教师对自身职业的理解为基础，以增进教师职业人生的完善为基本目标，以启发、引导的方式来促进教师德性的自主形成；从编写形式而言，力求摆脱单一的理论说教，从当代教师职业生活实际出发，抓住主要问题，采取生动、灵活的语体形式，把精要的论述与典型的事例结合起来，注重该书的可读性。

7.《教师的信仰》

职业精神是教师不可缺失的最本质的东西。一个教师能不能成为好教师、名教师，关键是有没有职业道德，有没有职业精神。今天的教育，缺的不是楼房，而是文化与技术；缺的不是理念，而是行为与操作；缺的不是水平，而是责任和精神。教育的希望，在于教师良心的回归、精神家园的重建。有了良好的精神状态，就有战胜任何困难的勇气，就有奋然前行的动力。

8.《看透学生的心理》

学生的心理困惑从何而来？概括来说就是一“高”一“低”：高，学生是个承载社会、家长高期望值的群体，自我成才欲望非常强烈；低，其心理发展尚未成熟，缺乏社会经验，适应能力较差。正是这欲望与不能之间的矛盾造成了学生的心理问题。编写本书是期望引导教师与青少年共同克服这一难题，去打开人生的成功局面。

9.《卓越教师》

突出骨干教师的培训，既是加强中小学教师队伍建设的当务之急，又是提高教师质量的长远之计。本书在编写上提倡以培训学科带头人为目标，以现代教育思想、现代教育技术、特级教师的学术报告以及当前教改的热点问题为研究内容，源于实践又高于实践，可用做骨干教师的培训教材，也可用于普通教师的自我阅读与提高，以期使教师在不长的时间内达到或接近特级教师的水准，成为学科带头人。

10.《与学生打成一片》

做受学生欢迎的教师，是每个教师都要思考的，也是每个教师都希望的。学校的课程很多，语文、数学、英语、科学、音乐、美术、体育等，每门学科都有自身的特点，每个学生都有自己的喜好，但教师能真正做到让每个学生都喜欢和尊敬吗？本书将教会教师怎么样靠自己的才能和高尚的品德赢得学生的喜欢和尊重，让每一个教师都能成为受学生欢迎的教师。

11.《培养教师爱岗敬业精神》

本书从教师的角度，阐述了教师爱岗敬业所带来的深刻变化，介绍了如何爱岗敬业的途径和方法，从勇于负责、乐于服从、热情专注、自动自发、团结协作、勤奋努力、敢于创新、节俭高效等方面，结合大量教育实例和人生哲理，向广大教师提出了爱岗敬业的崇高理念和修炼方法，期盼每一个教师都能从中受益。

12.《教师职业道德与素质培养》

当前，各级教育行政部门和社会各界都非常关注师德建设，师德教育已经被列为教师继续教育的重要内容之一。本书以专题研究为主线，以典型的案例及案例分析为依托，从教师工作、生活实际出发设置情境、提出问题，突出师德教育的操作性和实效性。本书将适应 21 世纪对教师职业道德建设的需求，该书也适用于在校师范生以及申请教师资格者学习。

13.《教师怎样提升教学质量》

每位教师的心里都有一个美好的心愿，那就是自己的教学质量能得到提高。众所周知，教学质量是一个学校的生命线，如何提高教学质量是每一位教师时刻都在研究、都想努力做好的一件事。要让教育不平凡，出路就在于能突破平常很容易被封闭的平庸局面。优秀的教师，会善于用智慧慢慢凿开通向教育风景的出口。

14.《教师快乐工作指导》

教师工作细致而烦琐，教师不仅要组织好各种教育教学活动，还要保证学生的身心安全。长期的忙忙碌碌、精神高度集中，教师容易产生麻木、倦怠、疲劳的职业状态。为使教师消除职业倦怠，学会快乐生活，愉快工作，需要多渠道支持、帮助教师们进入积极健康的工作和生活状态，从心理、物质和精神上给予帮助和支持，让教师感受到集体的关怀和温暖。

15.《教师工作减压指导》

当教师很累，这已经是所有中小学教师共同的感受。中小学教师劳动强度很大，长此以往，就很容易患上疲劳综合症，导致未老先衰，甚至英年早逝，对教育的可持续发展和教师队伍的稳定十分不利。中小学教师的过劳问题应当引起有关部门的高度重视，以人为本的科学发展观要落到实处，不要仅仅停留在口头上。教师不要只等待有关部门的措施,也要想方设法给自己“减压”,以防被疲劳综合症缠身。

16.《教师文娱活动指南》

与家人、朋友一起开开心心度过休息日，使身心从工作中彻底解脱，得到有效的休整。工作很忙、事情很多，但也需要劳逸结合，这样“照亮别人的蜡烛”能燃烧得时间更久、更久……

17.《教师心理健康指南》

随着竞争愈来愈激烈，教师的工作节奏日趋紧张，精神上容易产生巨大压力，精神上和身体上的超负荷状态对健康是非常不利的。如果不注意休息和调节，中枢神经系统持续处于紧张状态，会引起心理应激反应，久而久之可导致交感神经兴奋增强，内分泌功能紊乱，产生各种身心疾病。本书力图从教师职业发展的实际需求出发，注重必要的理论引领与生动的案例分析相结合，突出专业性、应用性、操作性、可读性，可为广大中小学教师培训、自学提供借鉴，也可为高校相关专业学生的学习、研究提供参考。

18.《教师怎样进行教学改革创新》

立足素质教育的学理，探析课堂教学的变革，反思课堂教学实践，重新审视素质教育理论，正是在实践和理论的互动中探讨我国教育的现实与未来。

19.《从历代名著中学习教育思想》

摘取世界知名教育家在世界教育史上具有重大影响和学习价值的教育名著进行选读。每位教育家及其著作均有作者简介、成书背景、内容精要、名著选读等内容。本书结合这些教育名家的成长经历，阐述了不同名著的理论内容和实践特色，批判继承了中外历史上进步的教育思想，对于提高读者的教育理论素养，提升教育工作者的教学水平和创新能力具有一定的借鉴意义。

20.《向教育名家学习教育智慧》

着重介绍当代教育家的教育思想。中国是一个教育大国，理应对全人类的教育作出自己的贡献。在两千多年的历史文明进程中，中国也确实不断为世界教育的进步贡献自己的教育思想、教育制度和教育智慧。中华人民共和国成立以来，尤其是改革开放以来，中国教育发生了深刻变化，取得了巨大成就，同时不断涌现出新的教育思想、新的改革成就和新时代的教育家。我国一大批教育专家学者上下求索、大胆实践，为教育发展出谋划策，为教育改革殚精竭虑。他们的学术思想和教育实践直接推动了我国的教育改革与发展，并将对今后的教育实践与研究产生深刻影响。

由于时间、经验的关系，本书在编写等方面，必定存在不足和错误之处，衷心希望各界读者及教育界人士批评指正。

编者

目 录

第一章

制定教育方略

正确认识“问题学生”与学生问题

一、“问题学生”的界定

（一）“问题学生”是一种普遍现象

2001年，《北京青年报》在一则报道中指出，在我国现有的3亿多中小学生中，有5000万之众的青少年被现行的评价标准划入了“差生”行列，这个数字在当时相当于一个法国、十个瑞士、一百个卢森堡的人口。

早在2004年11月，国内第一条“‘问题学生’拯救热线”开通。主办方说，热线的服务对象是“学习成绩差和思想品德差”或“有思想、心理等方面问题”的学生。开通首日热线被打爆，每天有全国各地近200个电话打入，热线电话从一部增加到了三部。据悉，在热线开通的同时，深圳第一个“问题学生”矫治中心正在组建，全国不少专家正在陆续加入。同时向社会征集30个“问题学生”进行矫治。据加盟热线的中国社会调查所研究员介绍，当时争先恐后打入电话的家长，除咨询“问题学生”如何矫治外，更多的是报名，使孩子成为30名参与矫治的“问题学生”之一。一位家长甚至单刀直入地问：“我出10万元，能改造我的儿吗？”

2005年初，江西省九江的庐山脚下成立了一所“择差教育”中心。何谓“择差教育”？顾名思义，选择“差生”进行教育。不到一年的时间，这个中心就已接收了除海南、西藏外，来自其余省（市）、自治区的102名学生。与这个中心类似的教育机构在当时已不是什么新鲜事。

2006年，英国《每日电讯报》报道，保守党若在明年的大选中胜出，就将在英国设立150所特殊学校，即在每一个地方教育局设立一所专门针对“问题学生”的学校，以帮助他们改过自新、取得进步。这种学校将为全日制，招收从5岁至16岁的“问题学生”。学校主要负责纠正孩子的不良品行，教授他们基本的礼貌言语，以及如何成为合格公民，同时为其开设阅读、写作和数学等基础课程。学校将专门聘请心理学家来研究这些“问题孩子”的心理教育。

对于“问题学生”，心理学家早在20世纪80年代就已开始关注，一些心理学家认为，这类“偏离了文化常模”的学生大约占全部学龄儿童的10％～20％，甚至超过了20％。日本有所谓的“差生七五三”（指七成高中生、五成初中生、三成小学生为“差生”）之说；法国小学的留级生高达20％。

不论是媒体披露的现象还是心理学家研究的结果，都从不同的角度说明了“问题学生”是当今世界各国教育中存在的一种普遍现象。“问题学生”的这种普遍性从两个方面给教育者以启示：一方面，如何教育“问题学生”是世界各国教育面临的共同课题。不论是发达国家还是发展中国家，不论是东方还是西方，只要有学生存在，就有“问题学生”存在。而如何对待“问题学生”是对一个国家、一个社会、一所学校教育民主的一种检验。因为教育民主最根本的是一种平等，每一个学生都有平等的受教育的机会，更重要的是每一个学生都能受到平等的教育；另一方面，每个教师都应该以平和的心态看待“问题学生”。没有“问题学生”的教育只是一种良好的愿望，但却不是真实的教育，真实的教育一定存在着“问题学生”。因为，摔跟头是初学走路的必然，好的教育的前提是尊重差异。“问题学生”同样是学生，一个教师的教育生涯有时会因为“问题学生”而精彩，正如苏霍姆林斯基所说，从他手里经过的学生成千上万，奇怪的是，留给我印象最深的并不是无可挑剔的模范生，而是别具特点、与众不同的孩子。

（二）“问题学生”的“问题”

1.什么是问题

揭示“问题学生”的内涵，首先要搞清什么是问题。英国著名心理学家朱莉娅·贝里曼（Julia C. Berryman）等人曾指出，什么样的幼稚举动预示着可能存在某种行为异常，应该引起警惕与关注；心理问题是否表现出某种能够透露原因的迹象或症状，需要得到专家的指导。要回答这些问题，首先应明确在儿童行为中“问题”一词的含义是什么，不过可以看到，这个问题并不存在任何简单答案与明确公式。“问题”一词是一个非常含糊、难以把握的术语。人们经常出于各种不同的理由（而且是明显不合理的理由）将它应用于不同儿童身上。这段话明确地指出，人们对“问题”的理解并非是一致的。

2.“问题”的问题

人们对“问题”一词的理解往往是含糊的，甚至是有误的。比较有代表性的偏差主要有三种。

一是成人认知的偏差。首先是标准的主观性。同样是一个孩子，同样的一个问题，在不同的教师和家长心目中，有的认为是“问题”，有的则认为不是“问题”。例如，孩子攀比穿名牌衣服，有的教师和家长看来是孩子身上体现出来的虚荣心，而有的教师和家长则认为这是时代进步、物质富足的必然，没什么可大惊小怪的。可见，成人心中对事物认知的标准是不同的。这就说明，对问题的判断先要明确判断的标准是否具有客观性。其次是标准的固定性。对“问题学生”判断的标准是成人设立的，其特点是可测、可控、可预知的。一旦呈现在成人面前的是不可测、不可控、不可预知的，那就是“问题”。这种认知有其合理的一面，因为问题行为是较少出现的，但较少出现的行为不一定是问题行为。否则，那些表现出来各种“另类”“怪异”行为的天才少年就都成了“问题少年”。最后是问题归属的错误。实际上一些被教师和家长确认为问题的是教师和家长自身的问题。

二是情境特异性。情境特异性是指青少年的行为不是任意随机地表现出来的，某些问题的发生是因情境而异的。情境特异性是群体社会化理论的重要概念，群体社会化理论的基本假设是社会化具有情境特异性，即在一种情境中学到的东西不一定会表现在另一种情境中。例如，有的孩子在学校表现得特别勤快听话，而到了家里却懒惰任性。与其说是“问题学生”，不如说他们是因情境不同而有所不同。

三是代际之间的“鸿沟”。通常，判定问题的标准是依据常模。常模具有一般性，常模培养的是普通者，而不容纳“另类”。而“另类”往往是个性突出者，这种个性突出者往往是创新人才。常模是与时俱进的，不同的时代常模是不同的，上一代人的常模与下一代人的常模显然是不同的，这就形成代际之间的差异，这就是所谓的“代沟”。常模并不反映文化的全貌，不同的亚文化常模是不同的。常模是就一般而言，并不代表特殊，个体的发展并非整齐划一，这就是机体成熟的差异。

3.“问题”的客观标准

衡量“问题学生”的标准应该是客观的，要从发展的角度对学生加以评价。问题与发展是相伴而生的，问题的不断解决，促进了个体的不断发展。

首先，问题具有普遍性。每个学生都是一个矛盾的统一体，都面临着、存在着不同的问题，但这并不等于每个学生都是“问题学生”。问题人人都有，但不等于人人都是“问题学生”。

其次，问题具有社会性。问题是相对而言的，社会以常态为常模，偏离了常态的、不合常模的就是问题。常模有两种形态，一种是社会性标准，这是一种人为的标准与规则；一种是统计学的量化标准，它是以测量所得的关于不同年龄儿童应以何种频率表示某种行为和特征。问题是相对的还表现在个体自我发展的不同方面的比较。人的发展是多方面的，问题只是表现在某一方面或某些方面，不可能是所有方面。之所以是问题，也是与自身其他方面的发展相比较，出现了扭曲和极度的不平衡。常态是动态的、可变的，因此常模也是动态的、可变的。

最后，问题具有发展性。“问题学生”的一些问题是随着某一年龄阶段的到来而出现的，同时随着这一年龄阶段的结束而逐渐消失。因此，衡量问题的标准应该具有发展性。所谓发展性标准是依据不同年龄阶段儿童的成长与变化特点来判定其行为和问题的性质。用发展性标准判断“问题学生”的问题，可分为发展性问题和障碍性问题。

发展性问题是伴随着学生的发展而出现的问题，主要表现为不适应。例如，一些学生拒绝接纳自我就是一种发展性问题；障碍性问题是由发展性问题演变而来的，属于心理疾病。青少年学生障碍性问题主要有感觉障碍、记忆障碍、思维障碍、情绪和情感障碍、人际交往障碍和人格障碍。

（三）“问题学生”的内涵

关于“问题学生”的概念目前还没有一个统一的界定。比较有代表性的观点如下。

（1）“问题学生”一般是指学习成绩较差、经常不遵守纪律、具有许多不良习惯和缺陷的学生。

（2）“问题学生”是指那些在学习、思想或行为方面存在偏差的学生。

（3）所谓“问题学生”，是指有学习障碍、有不良行为或心理发展不健康等特点，并需要他人帮助才能解决问题的学生。

（4）“问题学生”也叫“后进生”，《中国精神障碍分类方案与诊断标准》将其定义为品行障碍少年。他们在学习和品德上暂时存在一些问题，跟不上班级的整体要求，完不成课程标准规定的起码目标，在思想品德和心理上存在问题和障碍，反复出现违反与其年龄相应的道德准则和纪律、侵犯他人或公共利益的行为。

（5）“问题学生”并非指那些已构成犯罪或精神上已经发生了严重疾病的学生，而是指那些品德行为偏常、不思进取甚至于经常违反校规校纪的学生。

（6）“问题学生”从心理学角度而言，是指人在社会化过程中，由于自我心理因素和外在条件的影响，性格发生偏差，情感意志和思维方面存在偏差的学生。

上述定义尽管认识的角度不同，但存在以下两点共识：一是问题是指偏离常态的行为或表现；二是问题主要表现在学习、行为、心理等方面。当然，这些观点也存在着差异。观点（1）和（2）是通过对“问题学生”的外在表现的描述界定“问题学生”；观点（3）强调需要他人的帮助；观点（4）与（5）是从心理学的角度对“问题学生”加以界定；观点（6）强调“问题学生”并非已构成犯罪或患有严重心理疾病的学生。

综合上述观点，笔者认为“问题学生”是指那些与同年龄段学生相比，在学习、行为、心理等方面偏离常态，需要在他人帮助下才能解决问题的学生。

这个界定包含以下几层含义：一是问题是相对而言的，具有发展性。“问题学生”的问题是与同一年龄阶段的学生相比较而言的，多数问题又都是学生在不同的年龄阶段随着发展出现的问题。因此，“问题学生”是一个历史的范畴，并不是一成不变的。二是问题主要表现在学习、行为和心理方面，而不是品德方面。通常认为，品德是一种相对稳定的心理素质，而青少年正处于品德形成时期，他们身上表现出来的问题基本上是行为方面或心理方面的问题。具体到“问题学生”身上，只是在某一方面或某些方面存在严重缺陷与不足，并非一无是处。三是只有在他人的帮助下才能解决问题。问题具有普遍性，但多数学生身上的问题只要自己意识到就能得到较好的解决。而“问题学生”的问题是他们自己意识不到，也是无力解决的，必须有他人的帮助。

（四）几个相近的概念

关于“问题学生”，有几个相近的概念需要加以辨析

1. 差生

在英国，有的研究者把差生称为“学习困难生”，指与其同龄的大部分学生相比，这类学生在学习上有明显的困难，需要特殊教育措施给予补偿。法国学者把差生概念界定为：智力正常但学习成绩差、学习有困难的学生。国内学者有的认为差生即“后进生”，其含义是思想品德发展上距离教育目标的要求较远，在思想行为上存在较多的缺点，落后于一般同学的学生。有的学者认为差生即“学习困难生”。一些学者认为，根据我国目前的教育方针，德、智、体等几个方面，有某一方面严重欠缺者，即可被视为差生。差生是个经验性的概括，是从性质上对学生进行评定。“差”是相对于“好”“优秀”而言。差生这个概念具有明显的消极性，一个学生一旦被称为差生，不论是其本人还是家长都会蒙上一层心理阴影，甚至自觉低人一等。差生这个概念最大的问题在于学生因一时的表现而被判断为“差生”有失公允。

2. 学习困难生

学习困难也称“学习失能”或学习不良，是由美国学者柯克（S.Kirk）

在20世纪60年代提出来的，指那些智力正常而学业成绩长期滞后的学生，这是从学习状态的角度对学生加以评定的。国内比较普遍的看法是，学习困难生一般指那些智力正常，没有感官障碍，但在知识、能力、品格、方法、体质等要素的融合方面存在着偏离常规的结构性缺陷，智力得不到正常开发，不能达到教学大纲规定的基本要求，需要通过有针对性的教育措施或医疗措施给予补救或矫治的学生。学习困难生与“差生”这一概念相比，更容易让人接受。但并不能涵盖全部的“问题学生”，因为“问题学生”不全是学习困难生。

3. 学业不良

日本心理学家羽生义正认为，学业不良这个概念的一般含义：尽管具有基本的学习能力和有关学科的基础知识，但是没有取得与之相应的学习成绩。学业不良是从学习结果的角度对学生加以评定的。学业乃学习的功课和作业，学业不良表现为成绩不佳。钟启泉认为，学业不良可以分为三种：一是未达基本标准者。这里的标准是指在各自的年龄或年级，各门学科或领域可以期待学生达到的水平，体现了“绝对学业不良观”。二是低学力者，是指学生实际的学力测查结果低于根据智力测验结果所推定的学力测查的得分，体现了“相对学业不良观”。三是未能充分发挥自身拥有的潜能，身心障碍导致学业迟滞，体现了“个人学业不良观”。实际上学业不良与学习困难是密不可分、互为因果的。

上述三个概念都未触及“问题学生”的实质，“问题学生”实质上是个体对环境的适应性不良，通常表现为出现某些问题。

二、“问题学生”的分类

（一）“问题学生”分类的意义

“问题学生”的分类是“问题学生”研究中的一个重要课题。正确地进行“问题学生”分类有利于提高教育干预的针对性和诊断的准确性。“问题学生”是一个复杂的群体，不同类型的“问题学生”存在着明显的差异。同一类型的“问题学生”，由于其所处的年龄阶段不同、年级不同，其表现也是各有不同的。随着学生年龄的增长，他们在发展的各个阶段问题的焦点是不同的，教育干预的侧重也要有所不同。即使是同一类问题，其行为特征也是不同的。例如，行为问题有社会适应不良行为与反社会行为之分，社会适应不良行为又有外部行为失调和内部情绪失调之分。只有搞清不同类型的“问题学生”的差异，才能有效地进行教育。

（二）“问题学生”的分类

由于认识和研究的角度不同，因此对“问题学生”类型的划分的结果也不同。

1. 从问题特征的角度进行划分

从问题特征的角度进行划分，可将“问题学生”分为以下两类：

（*1*）行为障碍。行为障碍表现为攻击行为、破坏行为、不负责任、不服从、恶劣的人际关系等。

（*2*）情绪问题。情绪问题表现为恐惧和害怕、抑郁、社会性抑制等。

2. 从问题所在领域的角度进行划分

从问题所在领域的角度进行划分，可将“问题学生”分为以下四类：

（*1*）品行不端型。这类学生养成了强横霸道、好逸恶劳等恶习，在校内常常惹事生非、欺凌他人、不服管教。这类学生在“问题学生”中所占比例很小，但教育转化难度最大。

（*2*）纪律松散型。这类学生在“问题学生”中所占比例较大，他们智力正常，有的甚至还特别聪明，但学习动机不强，缺乏良好的学习习惯，自控能力较差，对自己要求不严，纪律松弛。

（*3*）学习困难型。这类学生学习成绩落后。

（*4*）全面后进型。这类学生在“问题学生”中所占比例极小，他们品行方面、纪律方面、学习方面都存在着一定的问题。如果得不到及时、有效的教育转化，往往会对个体的健康发展产生严重的影响。

3. 从德智体全面发展的角度进行划分

从德智体全面发展的角度出发将“问题学生”分为七类。

（*1*）品优、学优、智劣型；

（2）品优、学劣、智优型；

（3）品劣、学优、智优型；

（4）品优、学劣、智劣型；

（5）品劣、学优、智劣型；

（6）品劣、学劣、智优型；

（7）品劣、学劣、智劣型。

4. 从产生问题行为的内部动因的角度进行划分

从产生问题行为的内部动因的角度出发，将“问题学生”分为过失型、品德不良型、攻击型和压抑型四个基本类型。四种类型“问题学生”的特征各不相同，但他们也有一些共同点：一是是非观念模糊，这类学生常犯错误的原因是道德无知、是非不分；二是缺乏强烈的求知欲，学习能力较低，学习成绩较差；三是自尊、自傲、自卑、自弃交织在一起；四是意志薄弱。

综合上述观点，笔者认为“问题学生”可分为三大类。

（1）学习问题类。学习问题类的学生常见的问题有厌学、经常不完成作业、注意力不集中、偏科、马虎、学习成绩较差等；

（2）行为问题类。行为问题类学生常见的问题有多动症、攻击性行为、贪小便宜、经常性迟到、顶撞老师、随意说谎、离家出走、抽烟喝酒等；

（3）心理问题类。心理问题类学生常见问题有早恋、迷恋网络、自残、暴力倾向、孤独、不合群、自卑、耐挫性差、考试焦虑等。

三、“问题学生”的成因

（一）国内外学者对“问题学生”成因的研究

国内外学者对“问题学生”成因进行了系统化研究，其中有代表性的研究成果如下：

1. 三层级说

日本学者北尾伦彦提出造成学业不良的因素可分为三个层级，一次性因素是直接相关因素，二次性、三次性因素是间接相关因素。一次性因素分为教师方面的因素和学生方面的因素，二者相互关联；二次性因素包括智力、性格、兴趣、动机等心理性因素；三次性因素是环境方面的条件，包括学校、班级、家庭等因素。如图 *1-1* 所示。

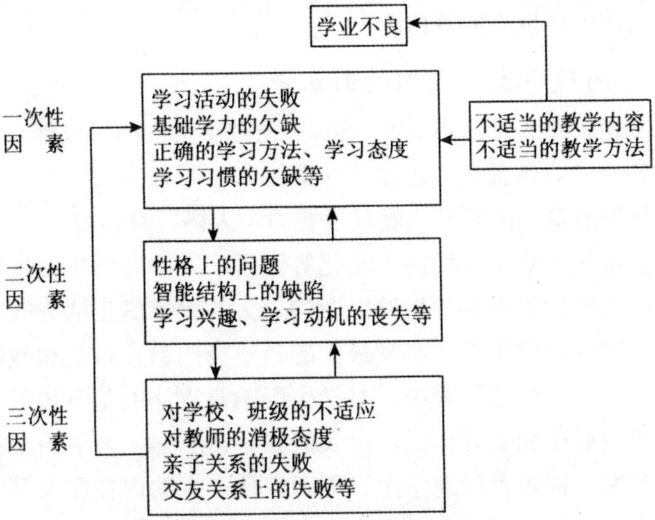

图 1–1　造成学业不良的相关因素示意图

三层级说给人最大的启示：“问题学生”的出现不是由于单一因素造成的。

2. 双因素论

日本儿科医生佐野良五郎从身心两方面分析“问题学生”的成因，提出了双因素论。认为“问题学生”的成因有两个方面：一是生理因素；二是心理因素，其中最重要的是双亲的养育态度。

3. 同心圆论

教育家巴班斯基认为学业不良的原因不外乎是内因与外因。内因是儿童身心发展上的障碍，知识、技能、熟练的不足。外因第一是教学上的缺陷，第二是包括家庭在内的校外影响的缺陷。这两个因素构成了一个同心圆，核心的圆表示内部条件，环绕它的一个个同心圆，表示一个个越来越间接的起作用的外部条件。

4. 四因素说

某些学者认为后进生的成因包括四个因素：素质因素、人格因素、环境因素、身体因素。这些因素并不是孤立的，而是彼此复杂地交织在一起，构成产生后进生的总体因素。

（二）“问题学生”成因的新认识

综合上述研究成果，从根本上说，“问题学生”的形成都有外因与内因。外因条件一般包括社会因素、家庭因素、学校因素三个方面；内因条件是指学生的自我因素，一般包括智力、人格、身体等。

社会因素包括政治、经济、文化等因素，其中对学生发展影响最大的是文化；家庭因素中对学生发展影响最大的是家庭生活方式和教育方式；学校因素中对学生发展影响最大的是学校的教育目的和教师的职业道德水准。在三个外部因素中，对学生影响最直接的是学校教育，学校教育在儿童发展中起主导作用。自我因素中影响学生发展的最主要的是成熟度。其实，许多“问题学生”所谓问题产生的内在原因是其成熟度未达到标准。因此，表现在学生身上就产生了形形色色的问题，每个学生都有问题，但并非每个学生都是“问题学生”。“问题学生”是其中少数需要特殊的帮助而又没有得到及时帮助的学生。

1. 社会方面的原因

（*1*）市场经济的负面影响。

市场经济是一柄“双刃剑”，在创造着高度的物质文明和巨大的社会财富的同时，容易滋生拜金主义和享乐主义，致使人们在物质财富与精神财富的追求之间失衡。这种社会现象对处于成长期的青少年学生会产生一些不良影响，少数学生盲目地穿名牌、比消费的心理就是这种社会现象影响的结果。

（*2*）伦理文化冲突导致社会价值流变所带来的负面影响。

从中国伦理文化冲突导致的社会价值流变来看，不同的文化之间具有一定的相融性，同时存在着差异性，正是这种差异性使不同的文化共同走向繁荣，这就是所谓的“和而不同”。不同文化间的差异表现在空间与时间两个方面：空间差异决定了文化传播不能超越民族心理的承受能力；时间差异决定了文化传播不能无视民族文化传统。忽视了文化的时间差异，不同文化间的相融性就变成了冲突性，一旦这种冲突超出了应有的张力和维度，就会引起社会价值的迷乱。反映在青少年身上就是追求及时满足，否定工具价值；寻求感性刺激，甚至丧失理性批判；讲究及时行乐，缺乏拼搏精神。

从传统伦理文化与现代伦理文化冲突导致的社会价值流变来看，我国的文化价值转型表现出两个方面的不平衡性。

一是文化内部发展的不平衡。在同一时空内具备了传统、现代、后现代三种没有契合的文化；二是经济发展与文化发展的不平衡。

由此，形成两个断层：文化内部的断层与文化与经济发展的断层。其后果是价值出现迷乱，社会价值发生偏斜，即集体重心向个人重心倾斜、道德绝对向道德相对倾斜、重义向重利倾斜。这对中小学教育是一个巨大的冲击，导致部分中小学生出现了“道德冷漠症”，表现为无视社会公德、蔑视规章制度、为人冷酷无情等。

（3）社会上不良社会风气及腐败现象的影响。

由于市场经济的不完善，以权谋私和权钱交易现象屡见不鲜，渗透生活的方方面面。这些不良的社会风气与腐败现象同样影响着成长中的青少年学生。《燕赵都市报》报道过这样一则消息：正在上小学三年级的成成（化名）今年10岁，当妈妈问她打算怎样利用今年的压岁钱时，成成回答说，要买几份礼物，等到开学后送给自己的几位老师和“用得上”的班干部。给老师送礼就可以让老师多照顾一些，如上课回答不上问题，老师也不好意思批评了。至于给班干部送礼则是为了和班干部搞好关系，以后肯定没有亏吃。现在10岁的小学生，也深知办事要“送礼走后门”的道理了，同学之间盛行这套大人常有的“权力观”“人情观”，社会难逃其咎。

（4）计算机网络的负面影响。

计算机网络以一种崭新的面貌走进了青少年的生活，改变着他们的生活方式、学习方式、交往方式。这种新的技术正在以其神奇的力量影响着青少年的精神世界。这种影响既有积极的，也有消极的。其中，消极的影响主要反映在对青少年思维、价值观、道德及人格等方面的影响。

有的青少年学生患上“网络成瘾症”，包括网络游戏成瘾症等；有的长时间处于虚拟环境中，导致自我中心主义更加严重；有的逃避现实社会，处世态度消极化；有的逃避社会责任和规范的束缚，极端张扬自我，挑战社会权威，等等。这种社会现象早已引起了世界各国专家的关注。韩国延世大学医学院小儿精神科教授申宜真警告说：“现在的孩子从小开始热衷于竞争，除网络外，他们不知道还有什么方法可以缓解精神压力。在人格形成期就错误地追求刺激，等到成年后，性格很可能会变得具有攻击性。”

2. 学校教育方面的原因

（*1*）以升学为主要教育目的。

在“为应试而教，为应试而学”的思想的影响下，相当一些学校以升学为主要教育目的，升学率成了衡量学校一切工作的根本尺度。在这种价值取向的引导下，学校的评价标准以分数为核心，以升学率为主要指标。这种评价思想与方法是“造就”一批批“问题学生”的根源。实际上每个学生都有着多方面的智力与才华，每个学生都有自己的智力优势。而在以分数为核心的评价标准的影响下，那些学习成绩一般的学生永远没有自己的舞台与空间，长此以往就会形成一种强烈的自卑感，丧失前进的动力与信心。

（*2*）一些教师职业道德与业务素质偏低。

目前，少数教师职业道德与业务素质的状况令人堪忧。有的教师失去了教师应有的道德操守，把教书只当作谋生的手段，只教书不育人，学生在成长中出现问题时，教师缺乏应有的耐心和责任心；有的教师对暂时后进的学生动辄挖苦、讥讽、责骂，甚至体罚和变相体罚，致使这些学生丧失了自信心和学习兴趣，厌学情绪滋生，逐渐对课堂和学校失去兴趣；有的教师虽然对学生抱有热情，也总是“恨铁不成钢”，但他们缺少必要的专业知识，不了解青少年的心理特征，不懂得教育规律、教育方法与措施简单化；有的教师不能透彻理解教材，讲授不清晰，造成许多学生不能理解讲课内容，课后又不能及时给予适当的辅导，造成有些学生成绩越来越差；有的教师对学生不能一视同仁，教育教学不民主，致使一些学生成为被遗忘的人。总之，少数教师素质的低下是“问题学生”出现的重要原因。

（3）低效、无效教学的存在。

教学内容和教学过程脱离现实生活，缺乏学生的内在需要，无法激发学生学习动机与学习兴趣，使原本充满求知欲的学生彻底丧失了学习的积极性，课堂生活失去了活力。一些教师“一言堂”“满堂灌”的教学方法剥夺了学生的好奇心与求知欲。

（4）课业负担过重。

课业负担过重，练习内容过深过难，频繁的考试和排名，导致一些学生的心理出现问题，他们开始厌学、考试焦虑、自信心丧失殆尽，逐渐成为“问题学生”。

3. 家庭的原因

（1）父母教育方式。

父母的教育方式可分为三种类型：只爱不管型、只管不爱型、不爱不管型。

①只爱不管型。家长对孩子无原则地溺爱和袒护，宠爱有加，百依百顺，孩子成了家庭的中心和主角。父母的主要精力放在孩子的吃、穿、用上，对学习却关心甚少。即使孩子在外面做了错事，少数父母也不肯认错，甚至辩解包庇，不与学校密切配合，使学校教育和家庭教育脱节。父母这样的教育方式最容易养成孩子骄横不讲理、任性妄为、以自我为中心、唯我独尊的性格。

②只管不爱型。父母教育方式的根本特征是简单粗暴，缺少甚至没有说服教育，代之以打骂。孩子稍有差错，不是拳打脚踢，就是棍棒相加。孩子缺少家庭的温暖，怨恨之心逐渐形成，与这种棍棒教育相伴的是训斥教育。孩子略有不顺意，便恶语相加，讽刺挖苦，或者唠唠叨叨，没完没了，使孩子生厌，形成逆反心理。

③不爱不管型。所谓不爱不管其实就是撒手不管。孩子出现了问题，听之任之，这对处于成长之中缺乏基本判断能力的孩子来说是最危险的，极容易把孩子引向邪路。

（2）父母文化背景。

父母思想品德和文化素质对孩子成长的影响是最直接、最重要的。

父母是孩子人生路上的第一位“老师”。如果父母道德水准低下，视野狭隘，思想愚昧，谈吐粗野，生活方式不良，甚至迷信赌博，对孩子的恶劣影响是不言而喻的，问题家长“造就”“问题学生”。

（3）家庭结构。

现队段，原有的家庭结构发生的改变主要表现在两方面：一是双亲与孩子的三口之家居主导地位；二是不完全家庭增多。

三口之家在教育上所带来的是独生子女教育问题。学者对独生子女研究的基本观点是独生子女的心理具有特异性。教育研究界普遍认为，独生子女表现为以自我为中心，比较缺乏合作意识，自理能力差。独生子女的情绪情感特征也非常突出，特别是消极的特征，如爱激动、好发脾气、较任性等。

不完全家庭有两种情况，一种是单亲家庭，一种是留守家庭。近年来，由于多方面的原因，不完全家庭的子女越来越多，他们的心理问题也越来越多。有的内向、冷漠、任性、偏激；有的孤僻、自卑、嫉妒、多疑；有的性情粗暴、严重厌学、极度反叛；有的自信心不足，缺乏上进心；有的沉迷于网络游戏而不能自拔。

父母离异，孩子缺少家庭温暖。越是破裂的家庭，学生性格越是乖张，人格越是扭曲，对别人、社会和集体的看法越是灰暗，他们感觉不到集体的温暖、社会的关心、老师同学的爱护。

随着社会经济结构的改变，农村学生父母外出打工的增多，形成了一个特殊的儿童群体——留守儿童。亲子关系的断裂最容易造成留守儿童精神心理发育的异常，留守儿童所表现出来的主要是心理个性的变异，而不是在品行和学业方面。同时，这种断裂对于留守儿童的个体社会化也会产生负面影响。隔代教育已经成为一种社会现象。祖辈对儿童往往过分溺爱、放任自流、娇生惯养，加之许多监护人文化素质偏低、年老体弱，对孩子的教育心有余而力不足，导致这些留守儿童形成一些不良心理。北卡罗来纳大学社会学系教授国光说，大量研究发现，孩提时代智力发育高峰期最需要和父母一起生活，如果很多小孩父母都不在身边，就会影响整个一代人的教育。

（4）家庭经济背景。

家庭经济困难的学生容易形成自卑、偏执、嫉妒、愤世嫉俗等不良心理；而家庭经济状况好的学生容易形成以自我为中心、自私、固执、不容人、养尊处优等不良心理，进取心不强，生活自理能力较差。

（5）家庭成员的人际关系。

家庭是孩子健康成长的最重要的后天环境。家庭成员之间融洽和谐的气氛、亲密无间的氛围，以及与外部良好的人际关系可以对孩子产生积极的影响，使他们逐渐地变得心胸开阔、充满爱心，具有健康和稳定的心理。反之，留给孩子的只能是阴影与噩梦，只能是心理的扭曲与人格的畸形发展。

4. 自身的原因

（1）性格的不成熟。

青少年学生正处于性格发展时期，其成熟度较低。主要表现为自我约束力和意志力弱，容易受外界的干扰，对客观事物难以形成正确认知，朝三暮四，易受情感迁移，而意志力的强弱对个体性格的形成具有较大影响。同时，有的青少年学生由于家长的溺爱与过度保护，滋生了依赖心理和我行我素的性格，这是相当一部分“问题学生”的共同心理特征。

（2）缺乏基本道德判断能力。

青少年学生由于缺乏基本道德判断能力，往往对人对事不问是非曲直，只凭感情用事，有的缺乏正确的荣辱感，甚至是非颠倒。这种是非上的颠倒和错误，对青少年学生的腐蚀性极大。

（3）基础学力的欠缺。

基础学力包括读、写、算等能力。一些学生由于不同的原因，形成了阅读障碍、计算障碍、写作障碍。这些障碍的存在严重地影响了学生学业成绩的提高，而长时间较低的学业成绩对学生的心理会产生较强的负面影响，学生会怀疑自我能力，会对学习失去信心，进而产生强烈的厌学情绪，最终成为“问题学生”。

与基础学力紧密相关的是学习方法、学习习惯、学习兴趣和学习动机。长期以来，重知识、轻方法，重成绩、轻习惯的传统教学严重影响学生基础学力的提高。比知识重要的是方法，比成绩重要的是习惯。正确的学习方法、良好的学习习惯将影响人的一生。学习兴趣与学习动机是学生学习的内驱力，或者说原动力。学习动机不稳定，学习兴趣不持久，常常被其他诱因所左右，遇到困难和挫折不能知难而进。

（4）同伴关系的失败。

人际关系对青少年学生的心理有重要影响。围绕青少年学生的人际关系有许多，但其中最重要的有三种：亲子关系、师生关系、同伴关系。亲子关系和师生关系中起主导作用的是成人。而同伴关系是两个或两个以上年龄相同或相近的儿童间的关系。在与同伴的相处中儿童学会了合作、友爱，学会了共同生活，因此良好的同伴关系对促进儿童的社会化、形成健康的人格具有重要作用。一些青少年学生由于性格等方面的原因，不会与同伴相处，要么我行我素、以自我为中心，要么孤立偏执、不合群，导致同伴关系紧张。

“问题学生”的教育方略

“问题学生”教育作为一种专业性的教育实践，其有效开展需要深刻地领悟它的意义，科学地认识它的原则，具体地把握它的方法，并努力地规避认识与实践的误区。

一、“问题学生”的教育意义

要素乃至事物之间总是关联的，因而从事一种教育实践的意义总是多方面的。“问题学生”转化的意义不仅体现在促进学生的身心发展上面，而且体现在化解教师危机、营造良好的学校学习环境与心理环境、促进教师专业化发展、整合多方教育力量等方面。

（一）有助于促进“问题学生”的身心指向健康、全面发展

“问题学生”教育作为一种负责任的教育行为，意在纠偏补弊，使“问题学生”回归身心健康、全面发展的正常轨道。因此，“问题学生”教育的过程，事实上就是一个为其健康、全面发展提供全面教育与综合

服务的过程。这个过程理应爱心与理性同在，家庭教育、学校教育、社会教育同在，一切孩子的发展与孩子的一切发展同在。“问题学生”教育的顺利开展要求广大教师必须将温暖的关心倾注到那些暂时偏离正常发展轨道的学生个体身上。没有对学生个体家庭成长环境、身体健康状况、同伴关系，以及兴趣、爱好、需要、动机、性格、气质、能力等内在心理要素的细腻观察和深刻体味，没有因材施教的眼光和方法，就不可能做好这一工作。转化一个孩子，就使这个孩子的眼前多一份光明的未来，心底多一份走向成功、实现健康成长的自信与快乐。在这个意义上，“问题学生”教育的意义不仅见于当下，而且指向其终身发展。

（二）有助于化解教师危机

教师危机的根源是多方面的，但“问题学生”的不断产生与普遍存在无疑是重要根源之一。客观上，“问题学生”可能因学业不良影响教师的教学业绩，可能因行为问题诱发师生矛盾、班级人际冲突，也可能因为心理问题导致消极事件的发生，他们就好比木桶的短板，很容易让教师在教学与管理上的努力付之东流。这显然会直接影响到社会对教师的评价、学校对教师工作业绩的认可，也会影响教师在班集体中、同事群体中的威信，严重时更能影响教师的自我效能感、每日工作的情绪状态。因此，很多班主任、任课教师都怕“问题学生”出现，一旦出现，不乏个别教师会对其采取消极态度、不当教育行为。然而，教师的生命价值体现在教育对象的健康、全面发展上，从这个意义上说，“问题学生”因其问题阻碍延误了自身的健康、全面发展，这才是教师专业发展上的最大危机。在这一点上，务实地从事教育和转化工作，才是化解教师危机的良途。

（三）有助于营造良好的学校学习环境和心理环境

从教育生态学的视角来看，班级作为一个生态系统，其内部各个因子之间、各因子与整体系统之间存在着千丝万缕的联系。“问题学生”可能正是受了班级整体的学习环境与心理环境的不良影响，或者与整体环境的关系失调，问题才得以产生；“问题学生”的存在，显然会在一定程度上对班级乃至学校学习环境和心理环境构成消极影响。因此，“问题学生”教育虽牵一发，但需动全身，对“问题学生”的转化工作既需要从细处着手，做好“问题学生”自身的心理化育工作。又需要从大处着眼，从整体上改善班级和学校的学习环境和心理环境。有时，与“问题学生”面对面、硬碰硬地直接接触，反倒不如抓大环境，比如，抓校风、班风建设，抓良好师生关系、同伴关系的建设，以暗示和熏陶的方式间接地促进“问题学生”的发展。

（四）有助于促进班主任专业化发展

“问题学生”教育显然是一项专业性很强的工作。从事这项工作，需要教师具备良好的专业素质，能够时刻为学生的发展奉献自己的爱心；需要教师具备扎实的学科理论知识和教育理论知识，尤其要具备相关的心理学、教育学、社会学知识，从而在认识论层面上能够高屋建瓴地审视问题，在方法论层面上能够游刃有余地处理问题；需要教师具有灵活应对、驾轻就熟的实践能力，能够在具体的教育情境中充分运用教育思维。更需要强调的是，“问题学生”转化的前提是对其进行全面而深入的研究，这就需要教师具备良好的教育科研素质，能够在研究中重新认识“问题学生”，深层探寻成因，最终解决问题，促进发展。这是一个充满挑战和乐趣的反思性实践过程。遗憾的是，当前一些教师非但不具备这些素质，反倒很轻易地给“问题学生”贴上这样或那样的标签，将问题产生的全部责任都推卸给学生本人、家长或社会，这都是由于教师专业发展水平较低。对此，“问题学生”的教育首先要靠“问题”教师自身的转化。总之，师生之间永远是共同发展的，这是教育学的铁律。“问题学生”的教育过程也正是教师谋求自身专业发展水平不断提高的过程，“问题学生”转化工作的实践状态，为教师的自我实现提供积极的推动力。

（五）有助于整合家庭、学校与社会各方面的教育力量，营造更为广阔的生态化环境

“问题学生”的产生与存在，使人们将教育研究与实践的视域变得

更加开阔、辽远。通常认为，个体的身心发展状态是个体与环境相互作用的结果；面对“问题学生”，需要关注的不是眼前这个孤立的个体，而是某个环境中的个体，进而关涉个体背后的某种环境或某几种环境的关联。大到政治、经济、文化背景，中到个体的家庭状况、生存条件、个体周围的社会风气、群体舆论，小到个体的内在心理及言行表现等，都应在关注之内。一种“和谐”的生态文化、教育视角、实践理性及具体的方法论，正是“问题学生”转化所必需的。与此相对应，“问题学生”的转化过程，正是整合家庭、学校与社会各方面教育力量、营造更为广阔的生态化环境的过程。

二、“问题学生”的教育原则

“问题学生”转化主要遵循因材施教、助人自助、无病假设和循序渐进四大原则。

（一）因材施教原则

正如世界上没有两片完全相同的树叶一样，“问题学生”与众不同，他们之间又各有各的不同，这种不同的根本原因在于“问题学生”的个体差异。如何看待差异，如何干预差异，是“问题学生”教育的两个根本性课题。

1. 如何看待“问题学生”的个别差异

个体差异是指每个学生个体在认识、情感、意志等心理活动过程中所表现出来的相对稳定的生理、心理特点的差异。它表现在质和量两个方面，质的差异指心理、生理特点的不同及行为方式上的不同；量的差异指发展速度的快慢和发展水平的高低。具体而言，个体差异表现为能力差异、思维（认知）差异、兴趣差异、性格和气质差异、情感体验差异等诸多方面。

相对于没有偏离发展常态的学生而言，“问题学生”的个体差异自有其特殊性。遗憾的是，这种特殊性并未引起学界及实践界的足够重视。比如，有学者认为儿童在幼儿园、小学阶段，自信心、想象力等智力因素方面的差异是很小的，随着年龄的增大，个体在这些方面的差异才越拉越大。又有调查表明，在教师群体中，有 65.02%的人认为，个体之间确实存在着差异，但这个差异没有大到非分层教学不可的程度。但事实果真如此吗？“问题学生”存在领域的普遍性、社会性，问题本身的严重性、复杂性和频发性，都令人忧虑。如果教育工作确实需要坚持一种实践理性的话，就不得不承认“问题学生”的个体差异是值得关注的。因此，教育工作者理应正视“问题学生”的个别差异。

那么，应该如何看待“问题学生”的个体差异呢？有如下几个视角。

（1）与众不同与彼此不同的标志：“问题学生”的行为表现。

“问题学生”的行为表现千差万别，虽然这只是一种表象，但正是这些表象，使得“问题学生”能够在某种情境中为人所甄别。如学业不良的孩子，在课堂教学、家庭作业、考试中总是有着令父母和教师头疼、焦急、费解的行为表现。在这个意义上，其行为表现作为问题及其成因的提示线索而存在。

①每个“问题学生”都具有独特的行为特质及心理特征。与其他人相比，“问题学生”某一侧面的行为特质及心理特征对其正常发展具有负向功能，这也是其不可忽视的原因。

②每个“问题学生”的背后都有特殊的形成原因与发展机制。“问题学生”的形成原因与发展机制的复杂性易为人关注，但其特殊性却往往被忽视。以往研究的宏大叙事视角、教师自身的责任感不足、教育精力不够，往往将这种至关重要的特殊性弃置于视野的盲区。然而，如果一名研究者或教师能够俯下身来倾听、关注“问题学生”的生活，那么不难发现其所处的诸多具体情境及当下心理经验的不可逆性和不可复制性，这种特殊性的客观存在，要求教师只有针对问题，多做个人化的、具体化的探讨，才能澄清问题背后的东西，才能使教育工作真正收到实效。

（2）常态偏离与发展差距共在：“问题学生”个体差异的特殊性。

相对而言，“问题学生”的个体差异并非一无是处，但其中的某一侧面标示了这种差异的特殊性。表现在：①在这个侧面的牵引下，“问题学生”偏离了正常的发展轨道；②在这个侧面的负向功能作用下，“问题学生”与其他学生在发展的行为特质、心理特征、发展速度与水平上拉开了距离。这表明：忽视“问题学生”的个体差异，其后果是危险的。

（3）内隐性号隋境特异性兼具：“问题学生”个体差异的存在状态。

问题本身具有情境特异性，这意味着上述“问题学生”背后的特殊性并不是任意地表现出来，而是只有在某些特定情境中才能表现出来。也就是说，在日常生活的一般情境中，如果这些问题得不到外界环境的激发，那么它们将内隐地存在着。原因如下。

①“问题学生”的心理特征是内隐的，即导致问题的无问题或问题源是内隐的，这也是“问题学生”让人困惑的原因。

②成人认知偏差的主观性对问题的过滤。成人认知偏差的主观性形成成人的视野盲区，即使面对已经很严重的问题，很多成人却仍然视而不见。成人的视野盲区使这些问题被迫“内隐”起来。

③问题本身的复杂性。复杂的问题令人眩惑，很多深层问题因此很难被发现。

④“问题学生”的个别特质，如成绩好、纪律好等，使其问题得到遮蔽。

⑤家长的溺爱、教师的偏爱。家长的溺爱扭曲了正常的评价标准，教师的偏爱使其看不到好学生身上的问题，同时一些迫切需要关注的“问题学生”却被忽视。

然而问题终将暴露出来，这是由“问题学生”本身的性向决定的，这种性向是问题内隐性与情境特异性的必然关联。在性向的推动下，一有机会，这些问题就会暴露出来。

（4）正常发展的危机与别样的成长动力和教育资源并存：“问题学生”个体差异的意义。

一方面这种某一侧面的个体差异干扰、威胁着“问题学生”的健康、全面发展。但同时，这些差异也从另一面为“问题学生”的正常发展提供了反向的动力。

例如，自卑可能是刻苦的开始，认知失调是新的系统平衡的开始，浪子回头是个体实现生命价值的开始。同时，教育“问题学生”的亲历体验，也在无形中丰富了教师的“问题学生”教育经验，促进了教师的专业化发展。

2. 如何干预“问题学生”的个体差异

（J）以教育爱关注“问题学生”的个体差异。

比之其他学生，“问题学生”心中常常存在双重苦恼，一种是问题本身给他们带来的焦虑、困难和压力。一种是问题得不到关注、理解，或者得到误解，因而给个体造成的愤怒感、失落感和自卑感。因此，“问题学生”的发展迫切呼唤足够的教育爱。一种真正的教育爱，不是偏爱、溺爱的爱，而是博大、公正、细腻的爱。关注“问题学生”的个体差异，理应是教育爱题中应有之义。

（2）以科学的态度面对“问题学生”的个体差异。

态度是认知、情感与行为倾向的总和。面对“问题学生”，教师应认识到如下内容。

①并非“问题学生”个体差异的各个侧面或要素都出了问题，出问题的侧面或要素只是有限的。

②这个侧面或要素对个体身心的健康发展具有负向功能，因此必须高度重视，并立即采取行动。

③这个侧面或要素首先需要更多的保护，而不是强烈的打击。给“问题学生”“贴标签”的做法，事实上是很不合适的。

④这个侧面或要素标示学生身心正常发展过程中的暂时偏离，可以通过科学的方法给予矫正。

（3）以科学的理论与温暖的实践透视“问题学生”的个体差异。

如前所述，理论是望远镜，也是显微镜。没有科学的理论作为指导，就难以看到问题背后的广阔背景及其因素，更看不到“问题学生”的未来可能。

与此同时，教师还要在理论的引导下。敢于去碰“烫手的山芋”“棘手的刺猬”。一种温暖的教育实践迎来的将是孩子会心的微笑和成长的硕果。

（4）以科学的方法干预“问题学生”的个体差异。

“问题学生”个体差异的性质、特点和影响，决定了教育工作者必须采取科学的方法进行干预。这些方法如下：

①个别教育法。个别教育法的本质是因材施教，其特点是在教学目标上有针对性，在教学内容上精心安排，在教学策略上灵活、适用，在教学环境上安全、温暖，带有一定的保密性质，在教学反馈上及时强化，在教学评价上灵活调整标准，作发展性评价。

②家校协作法。实践证明，最好的干预是家校配合的干预。

③专门的心理辅导方法，如精神分析法、渐隐法、游戏法、替代性学习等。

（二）助人自助原则

助人自助原则，即协助“问题学生”自己帮助自己求得问题转化。该原则有两重含义：一是“问题学生”的转化首先必须借助一定的外力；二是“问题学生”的转化最终必须依靠“问题学生”自己。

这意味着“问题学生”转化必须以其为主体，其自身心理力量是最终实现转化的主要条件，但其主体性的发挥离不开外部力量的推动，这种外部力量正是整合多重人际关系的结果。换言之，建立和展开民主、平等、和谐的人际关系，协调各方教育力量，是实现有效转化的辅助条件。

1. 以“问题学生”为问题转化的主体

当代教育理论认为，学生是主体的人，其在认识问题、分析问题、解决问题上具有主观能动性。“问题学生”虽有问题，但他们仍然是主体。在解决问题、转变生命状态的过程中，“问题学生”的主体参与对转化的实现起着关键的作用。

（1）“问题学生”只是发展过程中出现了心理及行为的偏常，但他们仍然具有独立的自我意识，仍然具有自己的价值和意愿。

“问题学生”的主体性主要表现如下。

①“问题学生”仍然具有自我意识。“问题学生”自我意识的本质，是个体自觉到自己的处境、焦虑、理想与选择的意识，正是这种意识推动他们反思并超越现实。

②“问题学生”仍然具有独立的价值追求和自主的意愿。遗憾的是，其成长过程恰恰因此不断遭遇各种冲突。这些冲突既反映在其精神世界内部，也反映在其与环境的外部关系上。然而，“问题学生”由于个体

心理的不成熟、身心发展阶段的特殊性，以及与外界环境之间关系的复杂性，很难顺利地化解这些冲突。

同时，教育工作者还应看到如下内容。

一是“问题学生”的心理及行为只是暂时的偏常，是其在正常发展过程中的正常现象；他们的自我意识、价值追求、创造精神可能因为一时的内外冲突而被遮蔽、被扭曲，但不可能因此消亡。

二是“问题学生”自身的心理冲突及其与外界环境的冲突或许意味着一个新的发展机遇，利用冲突、化解冲突可以促使“问题学生”跨入一个崭新的发展阶段。在这个意义上，这种冲突不都是消极的，其有积极的色彩。明确上述内容，可以为“问题学生”转化提供科学的心理基础。

（2）教师的教育、转化是外因，“问题学生”的自我教育和转化是内因。

外因只有通过内因才能起作用。教师的教育、转化只能通过“问题学生”的自我教育和转化才能实现正向发展。

①现代儿童发展理论表明，中小学生的发展自始至终是一种生命主体的自我调节活动。外界环境的刺激，只有被主体选择，成为主体的选择对象时，才会对主体的发展产生影响。

②“问题学生”的问题往往和他内在的、个人的成长限制联系在一起，教师的帮助只是为了引领“问题学生”深层次地发现这种联系，但最终战胜困难还是要依靠“问题学生”自身。

实践表明，教师坚持不懈地对“问题学生”充满关怀和信任，采取恰当的教育和转化方法，“问题学生”完全可以充分发挥自身的主体性，发现联系，消解限制，实现转化。

2. 问题转化的辅助条件

“问题学生”的转化必须借助于民主、平等、和谐的人际关系的建立和展开，必须借助于各方教育力量的整合。其主要原因在于：①“问题学生”的自我概念较低，自尊心较差，自我反省、自我调控、自我指导的心理动力和能力较弱，必须借助各方面外部教育力量的整合与推动，促使他们有勇气面对自身的困难；②其问题的重要成因是个体不适应外部环境，因此其生命状态的更新有赖于两者关系的重建。

这些关系本质上是一种协助关系，其中包括师生关系、亲子关系、同伴关系，以及其他外部环境与学生主体自身的关系等，其中师生关系是最主要的。这是因为：①教师是学校情境中促进学生身心健康、全面发展的第一责任人，理应对“问题学生”转化工作承担使命；②中小学生受教育的时间与空间集中于学校，其认知动力、情感动力及价值观引导等主要是从教师身上获得；③中小学生在心理上具有“向师性”，教师对学生的一言一行在一定程度上具有专业权威意义；④“问题学生”的问题一部分是师源性问题，有赖于师生关系的重建得以转化；⑤亲子关系、同伴关系及其他关系的建立有赖于良好师生关系的建立和启动。上述原因决定了“问题学生”转化的过程，也是师生关系发展的过程。

坚持助人自助原则，需要教师时刻奉献教育爱，并在协调师生关系和各方教育力量的过程中做到合力协作。

“教育爱”和“合力协作”是充分发挥“问题学生”的主体性，建立和展开良好人际关系的前提条件。

（1）教育爱是有效教育和转化“问题学生”所必需的教育态度条件。

教育爱是师德的核心内容，是教师个体基于教育学、心理学等专业知识背景，着眼于促进学生身心全面发展的崇高价值追求，在长期的教育实践过程中养成的谦虚、真诚、尊重、信任、理解、期待等诸多心理品质及行为方式的总和。教育爱对消除“问题学生”的心理阻抗，化解其冲动情绪，增强其心理安全感和人格尊严感，激发其倾诉欲望和行动愿望，建立良好的师生关系，进而走进其的精神世界，发掘解决问题的内因，促使其主动接受教育，求得问题解决，是非常有益的。

（2）合力协同是有效教育和转化“问题学生”所必需的教育行为条件。

如前所述，“问题学生”的产生有自我因素，但也有源自家庭、学校和社会的因素。形成原因的复杂性，决定了“问题学生”转化是一项复杂的系统工程。不断加强学校、家庭、社会的协作和沟通，有助于消解转化不利因素，强化放大积极因素，从而为学生的健康成长创造良好的内、外部环境。

（三）无病假设原则

无病假设是“问题学生”教育的逻辑起点，也是重要的实践原则之一。其基本含义是：在“问题学生”教育和转化过程中，教师应假设这个学生在个体心理方面是没有病的。之所以需要坚持这个原则，是由如下因素决定的。

1. 问题本身的性质及存在状态

就学生个体而言，其问题具有如下性质。

（*1*）问题的发展性。“许多看似问题的行为其实只是正常发展过程中的偏离。这种偏离的出现，或许预示着中小学生的身心发展遭遇了一个全新的机会，进入了一个崭新的阶段；这种偏离的矫正或解决，对于中小学生的健康发展具有积极的推动作用。

（*2*）问题的暂时性。问题的暂时性决定了问题不可能无限期地存在下去，通过采取适时咨询、积极诱导、科学矫正等方式、方法，最终这些问题可以通过个体身心的健康发展得到解决。

（*3*）问题的局部性。问题的局部性是指某个问题只发生在个体人格结构的某个侧面或某几个要素之间，不是全部问题，但它是木桶的短板，需要及早防治。

（*4*）问题的情境特异性。问题的情境特异性是指青少年的行为不是任意随机地表现出来的，某些问题的发生是因情境而异的。正因如此，不难发现某些问题可能只是一时情境激发的结果，但还不至于成为稳定的、病态的行为特质和心理特征。当然，对“问题学生”的关注不能因此而停止。

2. 问题权衡标准本身的问题

“问题学生”的问题有两种衡量标准。一是成人的标准。成人的标准具有主观性、固定性和归属性，因此。成人的标准有可能使人忽视了问题的严重性；也有可能使人夸大了问题，甚至误将成人的问题当作孩子的问题。二是社会的常模。社会以常态为常模，偏离了常态的、不合常模的就是问题。这将导致人们常常误解一些天才少年，同时忽视了本应关注的问题。常模的潜台词是“没有问题就是正常的”，其实在青少年成长过程中，什么问题都不遭遇或许才是不正常的。

3.有病假设及“贴标签”的危害

“贴标签”作为一种隐喻，用以形容人们常常用惯常的、自己的价值规范或规则来评价与之不符的“越轨者”。人们可能轻易就会看到个别教育者总是给孩子贴上这样、那样的标签，认为某个“问题学生”“心理有病”，事实上是给这个学生贴上了一个十分不光彩的标签。这样做的后果是非常消极的，其可能引起如下后果。

（1）自我应验的预言效应与得过且过心理。

美国社会学家贝克尔（Howard S.Becker）认为标签的运用，可能导致被贴上标签者产生了自我应验的预言效应，在一定程度上放大了越轨的行为，而导致越轨行为的加剧。这也就是说，当一个人表现出与社会主流规范不符的行为被抓住后，经过一系列正式“标认、界定、识别、分离、形容和强调”的贴标签过程之后，突出了越轨者与他人不同的地位。如果这种被贴标签的经历非常深刻，个人就会接受社会强加于他们的这些定义，进而顺应社会对其的评价，这种个体心理对外界评价的依随性，使人得过且过，更使问题加剧。

（2）引发“问题学生”严重的自我心理危机。

“问题学生”接受教育的心理条件具有特殊性。“问题学生”往往心理脆弱，自我安全感低，更需要被尊重、被保护。但贴上标签以后，学生个体在群体中往往无地自容，威信扫地，自我安全感受到严重威胁，其固有的不良心理也可能因此加剧。有些比较严重、比较隐蔽的问题，可能因此被引发，后果不堪设想。

由此看来，在“问题学生”教育上，必须坚持“无病假设”原则，这一原则的潜台词是对“问题学生”的尊重和爱护。要做到这一点，教师需从如下三个方面努力：①摘下来自社会及自身的有色眼镜，科学、客观地看待这些问题，这样能看清问题的本质；②相信心理科学，不给“问题学生”“贴标签”，以便为教育工作的开展创造良好的心理条件和师生关系条件；③在问题解决的起点上保持“价值中立”。无病假设的本质与深化就是“价值中立”，即面对教育的对象及其问题，尽量不掺杂自己主观的价值选择和价值判断。“价值中立”在“问题学生”教育上有局限性，因为教育者在接触“问题学生”的过程中不可能不带有价值判断，有时“问题学生”也确实需要这种判断的干预，如奖励与赞扬；但在教育的起点上教师保持“价值中立”无疑有益于客观、稳妥地开展工作。

（四）循序渐进原则

人生有序，人生的世界有序，教育因此需要有序。这里的“序”，不仅是指时间意义上的次序或序列，而且是指空间与事理意义上的秩序。以往，教育工作者似乎惯于强调知识本身的顺序和人的心理发展顺序，其实除此之外，“序”还存在于更为广阔的时空。就人的发展而言，人的生命史、大脑发育、受教育时间、认知发展、自我概念、教育空间等都是有序的。从某种角度看，伦理、逻辑、结构、过程、策略等都存在着某种“序”。“序”是个体生命与自然、社会、他人及自我和谐共处的表征，是个体生命健康、全面发展的条件和产物，是人的各个发展阶段及身心要素的合理衔接、科学关联、适度影响、相互适应与平衡。“序”对于人的发展无疑具有重要意义，即有序能够促进发展，无序就会阻碍发展。

正是在这个意义上，通常认为“问题学生”之所以产生问题，很大程度上是因为“失序”：①外部环境失序，这是外因；②学生主体与外部环境之间的关系失序，这是直接诱因；③学生主体自我心理世界失序，这是内因。

学生的学习表现与行为表现失序，其实只是一种外显现象，是一种问题表征。现象隐藏问题，问题隐藏根源，找到失序的深层原因，尝试重建或恢复主体内部心理世界之序及其与外部环境关系之序，这正是“问题学生”转化的基本任务。

由冲突而失序，再到重整而有序，需要循序渐进。这是“问题学生”转化的客观要求，也是做好这一工作所应遵循的基本原则之一。要做到这一点，需要做到如下几方面。

1. 循序认识问题

一方面，要遵循事物发展的逻辑顺序来关注问题，从简单的外显行为去体察隐藏在背后的复杂个体心理问题与外部环境影响，从可见的行为表征中去捕捉不可见的心理轨迹，从历次特殊情境中的言行表现去总结一般性的活动规律，从表层的现象去追问深层的问题。这样能逐步明确面对的问题到底是什么。另一方面，要深入到问题的结构内部来考查问题。“问题学生”的问题多属于结构不良问题，结构不良问题又多因事物内部各个要素之间的关联失序。认识这些问题，主要是认识其中各种要素是如何关联才导致问题结构不良的。这样能科学地为问题定义、定性。

2. 循序分析问题

一方面要遵循个体生命发展的时间顺序，通过人生发展的各个阶段来分析其基本生命状态，从而澄清“问题学生”的身心发展所处的阶段及年龄特点，澄清“问题学生”在某个人生发展阶段所遭受的破坏和创伤性事件，澄清“问题学生”的当下行为选择与外部环境之间的关系。另一方面要遵循个体生命发展的心理顺序，深入地体察个体心理诸多要素、各种经验、表现形式或心理能力之间的秩序状态，从而准确地了解、描述和解释主体的自我概念，具体地考查个体心理中诸多要素、各种经验、表现形式或心理能力之间的冲突与平衡。

3. 循序解决问题

一方面要注意解决问题的阶段或步骤之间的基本次序，另一方面要注意问题解决的方法之间的组合方式与实施次序。这首先意味着问题解决的计划性；其次意味着问题解决要渐次而行；最后意味着问题解决方式、方法的科学选择与巧妙搭配。

4. 循序重建关系

最重要的是遵循伦理序。伦理序是指在角色、责任及内在价值追求上各有其位、各有其责、各有其利的家庭成员、学校成员或社会成员之间相互作用而产生的、合乎社会道德原则的关系秩序。伦理序的建立最终是为了合理满足每个社会成员的心理需求，既利己又利人。在家庭情境中，这种伦理序体现为配偶关系、手足关系、亲子关系、成员自我内对话关系的亲缘性、长期性、稳定性与和谐性；在学校系统中，这种伦理序体现为师生关系、生生关系的民主、平等与和谐；在社会系统中，这种伦理序体现为男女之间、长幼之间、干群之间的公正、民主与博爱。

伦理序的丧失是“问题学生”产生的重要社会根源。转化“问题学生”需要统整学校、家庭、社会的积极教育力量，以“问题学生”为中心重建人际关系。但关系的重建，说到底是一个社会成员之间责、权、利的合理分配问题，也是一个伦理序的重建与实现问题。

三、“问题学生”的教育方法

“问题学生”的转化方法是实现“问题学生”转化所需的活动方式、动作体系、手段及技术的总和。既是总和，就必然多种多样。本节仅举出 *13* 种方法供广大教师借鉴。在此也提示大家：方法的选择和使用一向带有专业性。就“问题学生”转化方法而言，这种专业性体现在如下两个方面：一是方法选择的情境性。转化方法因问题解决的需要而产生。因此，对方法的选择总需考虑这样或那样的具体情境。有时一种情境需要兼用多种方法，有时一种方法可以支持多种情境。各种情形，不一而足。这就要求教师在选择方法时既要灵活，又要有针对性，更要充分考虑情境中具体的人人关系、人事关系、人物关系；二是方法使用的技术性。这种技术性体现在：转化方法指向特定转化目标的实现；转化方法需要具体的手段、技术、工具或活动方式的支持；转化方法的使用需要把握一定的时机、分寸、火候或尺度。这样，所选的方法是可操作的。

1. 暗示法

暗示是在无对抗条件下，行为主体借助语言、手势、面部表情动作或其他信号和暗号，含蓄、间接地向对方表达自己的理解或期待，以对其心理及行为产生影响的一种教育方式。从实施暗示所借助的手段看，暗示法可分为语言暗示、身势暗示和书面暗示。在表达教师对学生行为的理解或期待时，语言暗示借助幽默风趣的语言，身势暗示借助教师的身体动作，书面暗示借助周记、作业批改、评语与贺卡等书面形式。从暗示的来源看，可分为他人暗示、自我暗示和环境暗示等。他人暗示，是对“问题学生”的身心发展构成重要影响的他人，如教师、父母等，借助良好的师生关系、亲子关系，利用上述三种暗示手段对“问题学生”进行暗示的方法；自我暗示是用良性的语言引导自我向着良性心理及行为方向努力的一种方法，其借助自我内对话关系，通过自己对自己说话的方式，对自己反复进行简单、积极、肯定的话语激励；环境暗示，也叫环境熏陶法，是一种隐性教育法，它通常表现为利用优美的学校学习环境和民主、平等、和谐的心理环境影响人。

2. 典型（榜样）示范（警示）法

这种方法是通过展示典型人物或事件的教育价值或成长教训，从而实现对“问题学生”正面引导的一种方法。典型有正面的，也有反面的。要在“问题学生”身边寻找各种正面典型，树立不同层次的榜样，这样可以使学生感到典型的可亲、可信、可学，从而找到改善自身行为的方向。要从媒体、校园生活大环境中寻找反面典型，对学生进行反面警示教育，使学生从反面典型中找到自己的影子，从而认识自身不良行为习惯的危害。

3. 案例评析法

即通过对性质、情节或结构上与“问题学生”的问题相近、相仿或相反的案例的分析或评价，对“问题学生”实施诱导的一种方法。案例主要来源于如下。

（1）报刊、杂志、电视、网络等各种媒体资料。

（2）教师总结自身工作经验从而形成的书面案例。

（3）古今中外各种教育故事。案例评析的过程是一个问题分析过程，更是一个意义解释过程。素材丰富、主题鲜明、简洁具体、针对性强、有感染力的案例，有助于转化“问题学生”的价值观念，改善其心理环境及行为方式。

4. 事例指导法

这种方法是结合“问题学生”成长过程中发生的具体事例，通过对事例的起因、情境、情节、后果、性质进行具体的分析和评价，达成对个中问题的科学归因，进而具体指导“问题学生”找到科学的解决策略的一种方法。使用这种方法，教师应该注意以下几点。

（1）事例应是客观存在的。眼见为实，耳听为虚，在这一点上，教师不应依据道听途说轻易对“问题学生”下定论。

（2）事例最好是新近发生的，这样的事例使“问题学生”印象深刻，因此其教育价值也就相对较大；对曾经发生的消极事件，教师不宜过多提及，以免给学生留下“翻旧皇历”的印象。

（3）对事例的关注要全面、具体，分析要到位，归因要科学，评价要稳妥精当。只有这样，教师的看法才能被学生尊重、信服。

（4）教师要鲜明地表明自己的立场，指明学生努力的方向，并在平等对话的基础上，提出问题的解决策略。

5. 同伴互助法

学生同伴群体一般是由地位、年龄相同或相近的成员组成。同伴群体的成员一般在家庭背景、年龄、个性特点、兴趣爱好、是非观等方面比较接近，因而彼此间的心理相容程度较高，相互影响较大。使用这种方法，应注意如下几点。

（1）教师要积极关注“问题学生”身边的同伴，以促成具有教育价值的同伴关系的建立和深化。

（2）教师要善于发动、借助那些具有健康心理和良好行为习惯的同伴对“问题学生”施加影响，也可以在班级内部开展一帮一、手拉手结对帮扶活动，充分发挥非“问题学生”在学习、行为、心理品质等多方面的同伴影响力。

6. 实践锻炼法

健康、良好的心理品质是在实践活动中培养和发展起来的。因此，根据问题的性质、特点，有目的地选择或创设校内外实践情境，有计划地组织系列实践活动，有针对性地给予实践指导，是有利于“问题学生”转化的好办法。“问题学生”的积极参与，给他们自己带来丰富的心理体验，这无疑有助于良性心理及行为习惯的不断建构。使用这种方法，教师应该注意如下几点。

（1）实践活动应有针对性，即时机要恰切，目标要明确，主题要鲜明。

（2）实践活动形式应丰富多样，以免学生产生厌烦心理。

（3）实践活动的程序应周密安排，如需取得有关单位或个人的配合，应提前打好招呼。

（4）实践活动过程中，教师要随时保持和“问题学生”的联系和对话，以实现对“问题学生”的积极引导。

（5）实践活动结束后，可引导参与者彼此之间展开讨论，或利用文本写作深化其心理体验。

7. 心理辅导法

即通过谈心、咨询、讲座、测验等手段，辅导学生克服心理障碍，改善心理健康的一种方法。这种方法适用面比较广，对有学习问题、行为问题及个性心理问题的学生都可以施用。其具体形式有四种。

（1）师生谈心。师生之间真诚、开放、民主、平等的对话有助于教师了解具体情况，也有助于“问题学生”袒露心扉，缓解心理压力。

（2）个别辅导与团体辅导。依据心理健康教育及相关“问题学生”转化的基本理论，合理安排心理辅导的程序，科学利用心理辅导的各种方法对个体或团体进行辅导。

（3）心理讲座。针对普遍性、多发性问题，可举办心理讲座，传授、传播心理保健知识。

（4）心理测验。根据“问题学生”辅导之需，科学选择心理量表或自行设计测试题，对问题现状、影响因子、个体态度倾向等进行科学考量、调查和分析。

心理辅导法的施用过程正是上述四种形式交叉并用的过程。使用这种方法要注意如下几点：一要保证辅导的专业性，心理辅导的顺利展开，需要有专业的心理辅导教师，需要有专业的心理辅导理论、方法、工具作为支持；二要辅导目标明确；三要注意平等、开放的辅导关系的建立；四要注意为问题个体或团体提供安全温暖的辅导环境；五要遵循因人施教、无病假设、助人自助、循序渐进等几个基本的“问题学生”转化原则。

8. 角色扮演法

这是心理辅导中“心理剧”的一种形式。它是通过创设模拟情境或表演情境，让学生亲自扮演或模仿一些角色，重现问题发生的部分场景、情节及后果，从而真实地表露自己或角色的人格、情感、人际关系、内心冲突等心理问题，充分地体验问题给自己、他人乃至群体环境所带来的不良影响。例如，对考试产生焦虑的学生，可以设计模拟考试的场景，对其反复训练，不断强化，使这些学生的焦虑逐步消退。角色扮演的教育对象既包括台上的角色扮演者，也包括台下的观察者。它能让角色扮演者忘却自我，尽兴表演，也能让观察者透视表演情境，从中自省。其主要作用如下。

（1）让角色扮演者情感充分宣泄。“问题学生”可以借助角色当众把自己的苦恼和焦虑讲出来，以消除思想上的压力和自卑感。

（2）让角色扮演者体验理想角色的处境，消除人际误会和不必要的猜疑。

（3）由于是面对观众的现场参与，可以增强受教育者对环境的适应能力和随机应变能力，克服羞怯、自卑、焦虑等不良心理，培养交往能力，提高生活质量。

（4）观察者可以借助台上的表演，经历一段比较完整的自我心理观察与辅导的过程。

9. 课堂渗透法

即针对“问题学生”教育和转化之需，根据各科课堂教学的基本内容及特点渗透相应的心理教育的一种方法。课堂教学是学校教育的主渠道，同样也是开展心理健康教育、实施“问题学生”教育与转化的基本途径。所以，“问题学生”转化及相关的心理健康教育应和各科教学有机结合起来。使用这种方法，教师应该注意以下几点。

（1）要依据学科课堂教学的基本内容及特点来挖掘和选择潜在的心理教育内容，不能无视学科，否则难免牵强附会，喧宾夺主。

（2）所渗透内容应适切“问题学生”教育之需；满足当下“问题学生”教育和转化之需是挖掘和选择这些潜在内容的依据。

（3）要注意把握教育的时机和时间；作为一种教育渗透，在时机上要恰当，在时间上应点到即止，不宜拖。

（4）渗透这些内容时应注意贯彻心理健康教育的原则，如“和谐原则”“兴趣原则”或“成功原则”，这样能充分激发学生的学习动机和兴趣，丰富学生的成功体验，从而使学生的良性心理及行为品质得到良好的滋养。

10. 评价法

评价法是根据“问题学生”指向问题转化的行为表现，对“问题学生”转化的个体努力、转化任务的落实情况，以及行为矫正、心理转化的效果，进行科学评定、积极评价的一种方法。就评价的主体而言，该方法可分为自评、教师评价和集体评价。其突出特点有四个：客观性、科学性、激励性、指导性。客观性是指评价以具体事实为基础，以转化目标为衡量标准，对转化的过程与结果作出诊断陛的判断；科学性是指评价法的运用要充分地考虑“问题学生”的身心发展阶段及特点，严格地遵循学生身心发展的规律；激励性是指评价能够基于“问题学生”的个体努力及闪光点对其进行必要的肯定和鼓励，即评价的意义在于认同“你真行”；指导性是指评价的过程及结果有助于“问题学生”明确学习与发展的方向与目标，从而扬长避短。使用这种方法应该注意如下内容。

（1）尊重学生，不轻易作出否定评价。

（2）充分发挥学生的主体性，学生自评或在小组讨论基础上作出的集体评价，比较易为学生接受。

（3）在学业评价方面，要充分发挥学习成绩的积极调节作用，学习成绩在中小学生自我评价系统中占有中心地位，所以教师轻易不要给学业不良的“问题学生”打不及格分，只要他们取得了进步，哪怕相对而言这种进步的幅度不是很大，也要及时表扬。

（4）不应单纯以考试分数的高低或其他方面一时的不良表现，轻易作出消极的判断。

（5）评价内容要建立在充分观察学生行为表现和具体反馈基础之上，不应空言赞美，否则无益于问题的转化。

11. 试误法

即通过鼓励“问题学生”在实际交往活动中的尝试错误，不断积累人际经验，从而实现良性人际互动的一种方法。使用这种方法，应注意如下几点。

（1）知行并重，既要教给学生一定的人际交往知识与技能，又要创设情境，使学生有机会应用这些知识与技能。

（2）鼓励与矫正并重，既要对“问题学生”的尝试给予及时鼓励，又要指出其失误所在，实现正面的引导。

12. 正强化法

即学生一旦出现所要求的行为，立即进行强化（奖励），以提高该行为发生频率的方法。正强化技术包括代币制、赞扬或实物强化的应用、区别强化等，按照强化物的性质，也可以分为物质报酬强化和言语信息强化。该方法主要应用于注意缺陷、无学习动机或其他不良行为的改善。在日常学习生活中，教师对“问题学生”无声的注意及赞赏的目光，事实上是一种收效良好的强化形式。

13. 自我竞赛法

即引导“问题学生”自己和自己比赛，体验自身进步，发现现存问题，实现自我激励和自我补救的一种方法。这种方法的好处在于能够充分利用和发挥“问题学生”自己的主动性和积极性。这种方法比较有效地引导、帮助那些在学习上丧失自信、自暴自弃的“问题学生”。

“问题学生”教学中的教师角色定位

前面用了大量的篇幅讨论“问题学生”的有关问题，对“问题学生”的内涵形成了自己独到的见解，即认为“问题学生”是指那些存成长过程中与同龄学生相比，在学习、行为、心理等方面偏离常态，需要在他人帮助下才能解决问题的学生。从这个界定来看主要有两个层面的含义：一是“问题学生”的问题主要表现在“学习”“行为”“心理”三个方面；二是“问题学生”具有可教育性，需要别人的帮助来解决问题。“问题学生”身上的问题主要表现在学校教育当中，而在学校教育当中谁能给这些学生最大的帮助呢？毫无疑问是最广大的班主任老师。班主任与“问题学生”教育之间的关系最为密切，是主要的责任人，是传播爱的使者。本章主要讨论班主任与“问题学生”教育之间的关系问题，以及“问题学生”教育对班主任专业素质的诉求。

一、直视问题——将“问题学生”教育作为教师工作的重中之重

也许人们对“班主任”这个词汇非常熟悉，认为班主任工作不就是日常的班级管理吗？班主任主要是督促学生好好学习，搞好班集体建设。

这个想法固然没有错误，但是忽略了一个实际的问题，即在中小学，几乎每个班都有几个“问题学生”。他们是“麻烦制造者”“拖班级后退者”。班主任往往要把一半甚至更多的精力花在他们身上。因此，“问题学生”教育问题在班主任工作中占有重要地位。

（一）“问题学生”教育是班主任工作的重要内容

班主任的工作一般包括以下一些方面：日常班级管理、指导班级活动、教育学生、协调同事、家校沟通、联系社会等。在这些工作任务当中几乎每一项工作都可能与“问题学生”有关，因为“问题学生”的问题具有多样性、复杂性。

在实际工作中许多班主任认识到，一个班级“问题学生”越多，班主任工作越难做。对“问题学生”不能袖手旁观、放任自流，而应该把其作为教师工作中的一项重要任务。做好“问题学生”教育工作，把它作为重要任务，对班主任来说具有十分重要的意义。

一方面，关注“问题学生”是班主任先进教育理念的体现。在以班级授课制为主要教学组织形式的今天，许多工作都是以班级为单位来开展的，班级是一个基本单位，班主任则可以说是这个基本单位的核心人物、领军人物。班主任的一言一行都鲜明地体现了其教育理念。对班级“问题学生”一视同仁，说明了班主任坚持素质教育和教育公平的理念，真正做到了“一切为了学生，为了一切学生，为了学生一切”。

另一方面，把“问题学生”教育作为工作的重要任务有利于班集体建设和促进学生的健康和谐发展。近年来，“问题学生”逐渐成为许多学校普遍存在的问题，虽然每个班级“问题学生”人数总量很少，但其能量却不小，影响特别恶劣，危害性特别大，于是有人把“问题学生”说成是“害群之马”。往往就是因为这么几个学生给班集体的形象抹黑。班主任作为班级管理工作的直接管理者和第一责任人，是搞好班级建设的关键和核心，因此对“问题学生”进行教育是班主任抓好班级建设的根本所在。过去，有的班主任认为那么几个“问题学生”可以忽略，不予理睬，更有甚者将其逐出校门，因此经常听到媒体报道一些有关学校教育的负面新闻。其实“问题学生”的本质并不是坏的，只是在自身的发展过程中某方面出现了问题，只要教师加以正确引导，完全有可能使他们走上正轨。班主任作为在学校教育工作中与学生关系最亲密的人，对学生发展负有全面的责任，平时与学生处于一种特别的关系。在心理上学生也会认为班主任是对自己进行全面教育的人，班主任的一言一行影响学生的健康成长及和谐发展。由此可见，“问题学生”教育应成为班主任工作的重要内容。

（二）“问题学生”教育是班主任成长的“磨刀石”

把“问题学生”教育说成是班主任成长的“磨刀石”也许不好理解，但这是个形象的比喻，强调“问题学生”教育对班主任成长的重要意义。其实意义不单限于此，磨刀石在使刀具等变得锋利的同时，其自身也发生了变化；“问题学生”与班主任共同成长。在此主要谈“问题学生”教育对班主任成长的重要意义。

目前，人们对班主任成长过程的研究不多，许多都是谈班主任的素质和工作艺术，其实任何事物都有其成长发展的过程，班主任的成长也不例外。一位教师在其博客里面写道，班主任的成长分为三种境界，这三种境界分别是“恨铁不成钢”“悲天悯人”“上善若水”。所谓“恨铁不成钢”是指初当班主任的老师都有一个心愿，希望每一个学生都能在自己的教育下变好，但实际情况并不如此，于是又是批评又是叫家长，用尽各种办法忙得不亦乐乎，结果却不如人意。“悲天悯人”则是指班主任已经知道怎么去教导自己的学生，让他们朝着正确的方向走，但最容易犯的毛病就是悲天悯人：老是给孩子们讲他们父母的辛苦和劳累，无形中给孩子增加了沉重的精神负担。“上善若水”则是最高层次，指能够因人而异、因事而异，真正做到“润物细无声”。三种境界的划分十分形象贴切，得到许多同仁的赞同。

对着上面所说的三种境界，大部分老师停留在第二个层次，也就是“悲天悯人”，当然“恨铁不成钢”者也不在少数，而达到“上善若水”之境界者甚少，而第三种境界应该是班主任老师所追求的一种理想目标。由第一种境界达到第三种境界需要一个很长的过程，而“问题学生”教育则可以说是促成这个过程的磨刀石。“问题学生”的问题主要集中在学习问题、心理问题、行为问题等方面，极少数存在品德问题，乍看起来似乎很简单，其实本身是错综复杂的。从源头上来说，“问题学生”产生问题的原因就很多，虽然大体上从社会、学校和自身这三个方面来探讨，但单单就社会这一个层面，又可以列举出几十种原因，所以可以这么说，如果一位班主任具有处理好“问题学生”教育的能力，那么其自身也可以说具备了处理多种复杂问题的能力，管理好一个班级也就轻而易举。“问题学生”身上问题的多样性、复杂件、发展性，需要班主任老师具备多样的能力，需要不断地磨砺自己，不要一碰见“问题学生”犯错误就要他们请家长，就对他们苦口婆心地讲他们父母的辛劳，这固然没有错，但这样往往收效甚微。班主任应该不单单是恨铁不成钢，而应该思考如何把铁冶炼成钢，这才是班主任能力的真正体现。当班主任能够把任何“生铁”想方设法冶炼成钢时，说明班主任老师已经达到了第三种境界，是一名十分成熟的班主任了。

（三）“问题学生”教育是班主任工作艺术的集中体现

艺术是人们掌握世界的一种方式，通过塑造具体的形象来表现生活、反映生活，艺术具有认识、教育作用，最主要的是审美的作用。好的艺术品可以净化人的心灵，陶冶人的情操，虽然班主任工作算不上纯粹的艺术，但是管理班级、进行“问题学生”教育是一种创造性的劳动，在这个过程中体现了教师的教育智慧，师生之间实现了沟通，是一门交往艺术。教师“在自己心里唤起自身感受过的一种情感，然后运用动作、线条、颜色或语言表达的形式，把那种情感传达出去，以便旁人也可以感受到那种情感——这就是艺术的活动”（列夫·托尔斯泰语）。班主任的工作艺术最集中的体现就是这种感情传达的艺术活动。

有关班主任工作艺术探讨运用比较多的是谈话艺术、表扬艺术、批评艺术等，这些都是语言艺术、交往艺术，实际生活当中，教师有时也需要运用一些非语言艺术。

把“问题学生”教育说成是班主任工作艺术的集中体现，主要还是由于“问题学生”本身的复杂性所致，跟前面所说的“问题学生”教育是班主任工作的主要内容，以及是班主任成长的“磨刀石”有许多相似之处。之所以把一些学生称作“问题学生”，是因为他们的问题已经表现出来且影响了他们自身的发展，这些问题需要别人帮助才能得以最终解决。解决问题的方法有多种，讲究艺术的方法能够显出效果。举个例子：一个班级有一名学生长期不交语文作业，姑且把这个学生说成是“问题学生”，语文老师已经对他不抱希望，于是对班主任老师说：“×× 老师，我已经无能为力了，×× 又没有交作业，我批评他了，也请了他的家长，可他还是屡教不改，这个‘问题学生’只能交给你了。”这位班主任当时听了很生气，找到学生就是劈头盖脸的训斥：“你为什么不交作业？”“你怎么就不明白老师、家长的一片苦心呢？”“你看看 ×× 同学，人家做得既认真又好！”在班主任的严厉训斥之下，这位同学以后渐渐地按时交作业了，可质量却不如人意，学习成绩也大幅下滑。为什么会这样呢？这就是班主任没有讲究批评艺术所致，批评学生的时候，尽量不要把问题与他自身的缺陷联系起来，而要讲究策略，对性格开朗活泼的学生可以直接批评，而对一些性格内向敏感的学生则需要委婉地劝说，晓之以理，动之以情。当然在此并不是具体地来谈班主任工作艺术，只是想说明在处理“问题学生”这个复杂的教育问题时，能更多地、更显著地体现班主任的工作艺术。

二、担起责任——做“问题学生”合格的领路人

班主任在学生的成长中发挥着重要作用，可以说是学生健康和谐发展的直接责任者，因为班主任负责学生成长各个方面的工作，德、智、体、美，以及学生其他方面的教育工作都由他来参与和实施，这是其他教师所无法取代的。事实上的确如此，班主任与学生的关系最为密切，平时与学生交往得也更频繁，对学生了解得也相对深入。那么在教育“问题学生”时，班主任应该扮演一个什么样的角色呢？班主任是“问题学生”教育的“第一责任人”，是组织者和实施者。

（一）班主任是“问题学生”教育的“第一责任人”

把班主任看成是“问题学生”教育的“第一责任人”，这是对班主任重要地位的肯定，同时是对其肩负学生发展重要责任的一种更高要求。

要理解“第一责任人”还得从理解“重要他人（significant others）”这一概念入手。“重要他人”是美国社会学家查尔斯·赖特·米尔斯（Cherles Wright Mills）在米德（G. H. Mead）的自我发展理论基础上提出来的，指的是对个体的社会化过程中具有重要影响的具体人物。这一概念后来被广泛运用到心理学领域，“重要他人”也指在心理人格形成的过程中具有重要影响的具体人物。“重要他人”这个“他人”可以是一个人的父母长辈、兄弟姐妹，也可以是教师、同学，甚至是萍水相逢的路人或不认识的人。

很显然，在学校教育中，班主任是班集体的组织者、管理者、指导者，是全面关心学生发展的最核心人物，是同学们的精神向导，同时是学生成长的“重要他人”。通常，每个学生都具有“向师性”，有乐于接受教师教诲的天然倾向。班主任应该深刻认识到自己人格魅力对学生的影响。对一个班级而言，班主任是全班学生全面健康成长的导师和引路人，也是学生成长中有互动性的重要他人，影响学生的智力发展、思维方式、生活习惯、价值观、道德观念。对“问题学生”来说，班主任的这些作用更不容忽视。班主任的工作主要是一种育人活动，是一种以心育心、以人格育人格的精神沟通活动，这是与其他科任教师的显著不同之处。因此，“问题学生”教育主要集中在班主任工作中，班主任对“问题学生”教育具有不可推卸的责任，把他说成是“问题学生”教育的“第一责任人”一点也不为过。

（二）班主任是“问题学生”教育的组织者和实施者

既然班主任是“问题学生”教育的“第一责任人”，毋庸置疑他也是“问题学生”教育的组织者和实施者。*1988*年发布的《小学班主任工作暂行规定（试行）》中明确指出：“班主任是班集体的组织者和指导者，是学校贯彻国家的教育方针，促进学生全面健康成长的骨干力量。他对学校教育教学计划和其他各项管理的实施，协调本班任课教师的教育工作和沟通学校与家庭、社会教育之间的联系，起着重要的作用。”《中学班主任工作暂行规定》中也有类似的内容。

从前文的叙述中可以发现，“问题学生”出现的原因是多种多样的，其问题表现形式也是多种多样的，因此对“问题学生”进行教育也是一个复杂的教育过程，假如对一个学生只进行一次教育，问题就解决了，也就是说一劳永逸，该学生算不上是真正的“问题学生”。在实践中，教师之所以被“问题学生”所困扰，是因为许多问题的解决并不是那么轻而易举，而且有时具有反复性，教育“问题学生”是一个持久战。有一位教师在讲学生迷恋网络问题时就说过，有人在宣传，孩子迷恋网络只要经过某专家谈话几个小时，就可以幡然醒悟，从此洗心革面，这种事也不是不可能，但根据多年的经验，这种好事是很少的，或许属于特例。正因为如此，“问题学生”教育是一个复杂的、长期的解决问题的过程，因此需要班主任去认真思考，设计解决方案，认真组织、策划，同时由于班主任工作的性质，解决问题方案的实施主要还是班主任自己。总之，“问题学生”教育离不开班主任，离不开这位重要的组织者和实施者。

三、提升素质——以专业态度对待“问题学生”教育

“问题学生”教育与班主任工作关系最为密切，作为“问题学生”教育的“第一责任人”，本身应该具备怎样的素质呢？当然班主任素质并不是一个崭新的话题，许多人对此都有研究。一位教师对班主任素质的认识十分独到，他认为，班主任素质要体现教师职业的特殊性，班主任工作的根本性质就是育人性；班主任素质直接表现于班级管理的教育工作当中，是以完成带好班级、教育好学生为目的的；班主任素质是动态发展的，要符合新时期我国基础教育的发展对教师群体素质的要求；班主任素质是一个相对稳定的有机结构，这个有机结构由多方面的要素综合组成；班主任素质要适应班主任向“创造型”“复合型”发展的方向。当然在此无意于解释什么是班主任素质，也不想泛泛地讨论班主任素质究竟有哪些，只讨论那些与“问题学生”教育密切相关的因素。

（一）正确的学生观

这个话题有点陈旧，但却具有决定意义。学生观就是班主任对学生在教育过程中的地位和作用的总的看法，这直接制约着班主任的行为表现与选择。

要树立正确的学生观，这要求班主任把学生当成一个主体的人来看待，确定学生的主体地位。其实在教育领域里面人们早已经认识到：学生是人，是一个能动体，是具有感情的个体，具有特殊的创造价值；学生是发展中的人，具有与成人不同的身心特点，具有发展的潜在可能；学生是一个完整的人。这些话很通俗，但却不一定易懂，因为它说出了一个很深刻的道理：学生是一个发展中的人，促进学生的发展是教育的根本目的。这是对学生主体地位的一种确认。

除对学生主体地位的确认以外，班主任还需要认识学生是一个怎样的人，也就是学生的重要特点，这也是正确学生观的应有之义。对学生特点的认识包括很多方面，如学生的品德观、学业观、个性观等。在今天这个价值多元、激荡多变的社会中，人与人之间有时虽近在咫尺，心灵距离却远在天边，了解学生的特点相对来说更加重要。有学者把当今学生发展过程中的矛盾进行总结，认为主要有三个：生理成熟提前，心理成熟滞后；人机交往能力强，人际交往能力弱；渴望独立又依赖性强。这无疑是当今学生思想、心理、生理特点的一个真实写照，正确认识这些特点有利于班主任顺利开展工作。应该允许学生犯错误，不能苛求每一个学生，而且要树立新的评价观念，并不是学习好就一定是一个优秀学生。心理学研究早已表明，除极少数智力超常和明显迟钝的儿童外，大多数学生都属于“中人之智”，他们学习成绩的好坏，往往是由其他原因造成的，不完全是由于智力的差异。而且许多事实表明，学习成绩的好坏并不能代表其能力的强弱，在某些方面，学习成绩平平的学生可能会超过平时所说的优等生。这就需要用全面的、发展的眼光来看待学生。

树立正确的学生观并不是一件容易的事，也不是一朝一夕就能完成的，而是需要班主任不断地学习，吸收新的教育思想和现代观念，始终做到心中有学生，一切为学生发展服务。心中有学生与心中无学生是截然不同的，就拿当面批评学生来说，有时教师碰到“问题学生”时，即使他犯的是一个小错误，很多教师也会很生气，言辞十分激烈，这种斥责旨在帮助学生提高，是一件好事。可仔细想想，严厉之语、斥责之声，往往不能帮助学生，反而会伤及学生本已脆弱的心灵，又不利于增进师生感情，可谓两败俱伤。而当教师换位思考，从学生的角度来处理问题，结果可能会大相径庭，这也是教师服务意义的一种体现。最后为更好地使班主任树立正确的学生观，请班主任记住如下内容。

——受到关爱，得到尊重与信任，是学生的一种精神需要。学生，尤其是“问题学生”，有被爱的饥渴感！

——对“问题学生”要心疼，不要头疼；要把他（她）们看成祖国未来的主人，不要当成身边匆匆而去的过客！

——教育者，首先是一个人道主义者，对学生没有同情心，绝不是一个真正的教育者。

——教师对学生要有医生的心肠，决不能有医生的眼光！

——让每个学生都抬起头来走路！

（二）健康的心理素质和丰富的心理辅导知识

班主任不光是一个班级的领跑者，还应该是一个班级的心理医生，这是现代社会对班主任工作的新要求。班主任所从事的工作本身就是雕塑学生心灵的工作，是学生心理健康的维护者，事实上班主任在这方面也有得天独厚的优势。而且人们越来越认识到，心理疾患越来越影响人们的生活，很多调查表明心理健康问题已经成为影响学生发展的主要问题，作为一班之“主”的班主任，是否应该反思一下自身？

教育家契尔那葛卓娃说过，教师心理素质对学生的影响是任何教科书、任何道德箴言、任何奖励和惩罚制度都不能代替的一种教育力量。实际调查也表明，班主任自身的心理素质对学生的发展有着深刻的影响。2000年4月，国家中小学心理健康课题组对12所中小学的师生进行了对比检测，发现心理健康水平高的班主任，他们的学生心理健康水平也高，反之亦然。同时有的研究者做过这样的实验：让三种性格类型（民主型、专制型、放任型）的班主任各带一组学生，经过较长一段时间以后，发现三组学生的性格出现了明显差异。民主型班主任带领的学生性格比较稳定，待人态度友好，学习积极进取；专制型班主任带领的学生情绪比较紧张，感情冷淡，行动往往带有攻击性；放任型班主任带领的学生则漫不经心，言谈举止散漫，人际关系不良。这也许有点夸张，但表现了班主任对学生的影响，要想学生获得健康的身心，首先应要求班主任自己具有健康的心理素质。这些心理素质一般包括情感、意志、兴趣、性格等，具体来说班主任应该具有丰富高尚的情感，坚强的意志力，要有广泛的兴趣爱好，性格也应该坦率、真诚、活泼、善良等。班主任自身具备了良好的素质能更好地去影响他人、教育他人。

当然，班主任仅仅具备健康的心理素质还不够，这只是一个前提条件、基本因素，还需要班主任具备丰富的心理辅导知识，去帮助、教育学生。前面已经说过，目前许多学生问题都可以归结为心理健康问题，曾有研究者对 1782 名中学生进行心理健康调查，结果表明：有心理问题的比例平均为 35.31%，有明显问题的比例为 16.72%。从调查具体数据来看，在学习方面，有 56.29%的人认为学习是一件令人厌烦的事，有 72.44%的人上课经常走神，注意力无法集中；在情绪方面，有 49.77%的人经常感到心里烦躁又无处诉说；在自我方面，有 57.63%的人觉得自己在许多地方不如别人；在性心理方面，有 22.33%的人希望改变自己的性别；在适应性方面，有 18.18%的人觉得活着没意思，不如早点死去摆脱一切烦恼。这样的结果是十分惊人的，不得不引起班主任和家长的注意。对“问题学生”来说，心理健康问题在他们身上表现得也更加显著，如迷恋网络、青少年交往过密、自卑、孤独、离家出走等。要解决这些问题，需要班主任——这位“重要他人”具有丰富的心理辅导知识。心理辅导知识的内容非常广泛，既包括心理健康的一般常识，也有心理健康辅导的方法与技巧。这就需要班主任去不断地涉猎心理健康方面的知识，了解心理健康的标准及一些方法和技巧。同时，作为班主任应该经常与“问题学生”接触，观察、沟通，了解“问题学生”的一些行为表现，在实践中增加自己的心理辅导知识，这也是班主任成长最有用的实践性知识。

（三）爱心

有了正确的学生观和健康的心理素质及丰富的心理素质还不够，作为班主任在进行“问题学生”教育时，还必须要有一颗爱学生的心。在正式讨论这个话题之前，来看一位教师在成长博客上的帖子。

感于班主任

这是一种心灵的工作，所以很难说清……

邻班学生又闹事了，班主任也是极年轻的一位教师，她跑来诉苦，向我讨教管理班级的有效方法。每一次，我都觉得为难，自己实在也尚不成熟，无经验可谈。我唯一觉得，自己的一颗心真正向着教育了。

所以，当大家已经“疲劳”了，与孩子们的“蜜月”期宣告结束，那份热情流走，在办公室里抱怨不止的时候，我又从这种状态中获得重生。教书育人就是一项辛苦的工作，但我们既已选择，也应该选择积极的方式看待这个职业。我们应该记得我们肩负的使命！

其实这么多年来，我一直在不停地思考作为教师的使命。有一个故事让我印象深刻。

据说，苏格拉底小时候，一次看他父亲雕刻狮子，便问道：“怎样才能成为一个好的雕塑师？”父亲说：“以这只石狮子来说吧，我并不是在雕刻它，我只是在唤醒它。”“唤醒？”小苏格拉底疑惑不解。“对，狮子本来沉睡在石块中，我只是将它从石头监牢里解救出来而已。”

苏格拉底从父亲的话中得到启发，日后成了一位唤醒人们心灵的大师。而我也从中明白了，教育就是一种心灵的唤醒。唤醒埋藏在孩子们心底的良知和潜能，促进其自主成长和发展。从那一刻起，我毅然决定满腔热情，倾注心血，无私付出，甘为人梯。

别林斯基指出，教育是伟大的事业，人的命运决定于教育。

一个班级中，影响学生成长的教师主要是班主任。和“山里娃”相处这么多年，我没有想过要成为孩子们发展中的什么“重要他人”，但是使命感却不忘时刻提醒我要对他们的负责。

着眼于孩子的一生，而不仅仅是现在。这不仅需要拥有佛的一种境界，还需要母亲的一种真实。教师是个了不起的职业，班主任更是富于挑战性的工作。而幼稚的我就是不断努力，欲成就这阳光下的佛。

从这位教师朴素的话语中，读到了什么？一开始这位教师就指出班主任工作是一种心灵的工作，教育是一种心灵的唤醒，是唤醒埋藏在孩子们心底的良知和潜能，这是怎样的一种呼唤呢？这是爱的呼唤！

班主任的爱心是教育“问题学生”的基础。假如班主任对学生不闻不问，就根本谈不上教育，即使教育了，没有一定的情感基础，那也不会取得良好的效果，爱心是“问题学生”教育成功的基础。当然，这个爱心并不是无限度的、空泛的，它具有十分确切的含义。有研究者指出，教师的爱心主要体现在三个层面：一是应有无私而理智的爱，主要是指“师爱”，是一种与友爱和亲情所不同的特殊情感，它是一种在学校教育特定的条件下形成与发展起来的与社会需要相联系的崇高的情感和情操，一种深沉、持久、无私、理智之情、理性之爱；二是应对职业有着执著的爱，在中小学教育中，班主任往往是最繁忙的，许多教师都不愿意当班主任，但应该认识到班主任更能够激起对下一代培养的热情和成功感；三是对教育工作有着崇高的爱，这三种爱分属于不同的层次，对实践具有宏观的指导作用。

在实际的教育“问题学生”过程当中，鉴于对班主任角色的不同定位，通常认为主要有三种爱的表现形式，那就是“师爱”“母爱”“友爱”。作为班主任，除教师这个显性的角色表征以外，同时可以担当父母、朋友的角色，因此在教育的过程当中，母爱、友爱的渗透有利于工作更好开展。作为父母的角色，可以使“问题学生”感受到家庭的温暖，关心他们成长的一点一滴；作为朋友的角色，可以与他们平等交谈，在平等理解的基础上建立深厚的友谊；作为教师，可以对他们的每一个细小的进步予以表扬和肯定。多种角色的互换，多种爱意的交融，对“问题学生”的教育能起到事半功倍的效果。

总之，爱心是“问题学生”教育的基础，同时爱心也是教育“问题学生”的一味良药。爱的力量是巨大的，正如斯霞所说，一切的教育都必须基于爱、来自于爱、归结于爱，这是教育的灵魂，这是教育的真谛！

（四）责任感

责任是一份工作或者职业所必须承担的义务范畴内的工作职责及相关内容。责任感则是人们对这份责任的认识。

许多教师认为，作为班主任责任感比能力更显得重要。对教育“问题学生”来说，尤为如此。班主任应该把教育“问题学生”作为自己的一份义不容辞的责任，作为一种使命来看待。作为班主任，他（她）究竟承担着怎样的责任呢？教育是培养人的活动，教育促进学生的成长与发展，如此说来，班主任工作肩负的责任是其他职业所无法比拟的，因为它的对象是人，是活生生发展着的人。要创建一个优秀的班集体，要使每一个学生都能和谐健康发展，班主任必须具备很强的责任心，必须抱着对学生负责的态度。很难想象，一个没有责任心的班主任能够把班集体建设好，能够处理好“问题学生”教育。

责任感的获得需要班主任认真看待自己的职业，需要有一个坚定的教育信仰，只有这样，才能使自己的行为一以贯之，做好“问题学生”教育工作。

以上，从四个方面谈到了“问题学生”教育对班主任专业素质的诉求，其实在现实教育的过程中所需要的素质远不只这些，只是这四个方面显得更加重要罢了。其他如品德素质、管理素质等也是班主任应具备的素质。

“问题学生”教育问题是一个关乎每个学校、每个班级、每个班主任的事情，彻底解决“问题学生”教育问题没有秘诀，只有具体问题具体对待。但不要忘记一点，那就是班主任对“问题学生”教育具有重要的责任，是“第一责任人”，是重要的组织者和实施者，班主任时刻不要忘记通过提高自身素质来促成“问题学生”教育难题的解决。

第二章

分析具体问题对症下药

针对学业困难要内外结合，提升自我效能

在教学实践中，教师一提到学困生，大多摇头叹息，说他们是“孺子不可教”“朽木不可雕”。其实，金无足赤，人无完人。如果教师换个角度，放弃偏见，就会欣喜地发现学困生并非不可救药。这就要求教师深入学生、全面了解学困生的心态，对学困生学习目的、态度、兴趣、爱好、志向、心理变化和生理特点、家庭环境、生活环境及行为品德等方面进行全面调查、深入研究，并采取分类教育的方式，随时比较和修正教育方式，让学生在教师的熏陶下潜移默化地克制约束不良心态的滋生发展，用教师美好的形象、理智来塑造学生美好纯洁的心灵，使学困生领悟到教师对自己的进步寄予很大的希望，在良好的学习氛围中使后进生转变思想，鼓足勇气，直面现实，积极向上，鼓励他们从自己身边的小事做起，一步一步地培养学困生乐观向上的生活态度，使教师的情感理智融入他们的心田，并能扎根、发芽、开花和结果。

一、经典案例

随着发令枪的响声，在800米的跑道上，几名男孩在飞奔，跑在最前面的男孩子引得无数师生为其呐喊加油。他刚刚参加完200米接力，获得小组第一，同学们都称他是“飞毛腿”。这不，800米他又获得了冠军。他就是五年（2）班的阿辉。

阿辉有三个姐姐，他是最小的一个。在家中，父母特别宠爱阿辉，还特意为其雇了一位保姆。在阿辉的成长过程中父母的观点是只要健康活着就好，至于学习成绩怎么样都无所谓。

到了四年级新调换了班主任，接班后老师第一次进行语文单元测试，阿辉竟然只得了19.5分。老师在随后的家访中得知，阿辉性格内向，胆小孤僻，与三个姐姐相处不甚融洽。每次考试三个姐姐的成绩都要好于他，造成了他的自卑和无奈，在自暴自弃中读到了四年级。家长对孩子的学习虽有督促，但因溺爱，还是多有放任自流的态度。孩子在家中不爱说话，

好面子，较孤独，有事常放在心里，不肯轻易向人表露。在学校里上课常常出神溜号，不爱参与，有时还好搞小动作，影响周围其他同学正常的学习活动，有的同学提出让他坐到后面去。至于考试分数，他似乎也不太在意，从没有让老师和同学看出他因成绩不好而感到不好意思。

老师想更多地了解阿辉的学业情况，于是在上课或下课时都有意识地多接近他，多给他参与的机会，有时还特意进行暗示。令老师欣喜的是他有时候对学习还是有一些兴趣的，追求上进的心并没有泯灭，只不过这么多年来老师对他关注度不够，使得他有些麻木了。

针对阿辉的特点，老师也没有逼他去学习，倒是让他感觉到老师特别注意他、偏爱他，于是阿辉的名字是老师每天叫得频率最高的。“阿辉，请你到办公室给老师取两盒粉笔！”“阿辉，请你把这份表格替老师交到大队部！”“阿辉，请你到教导处把通知取回班，并与班长一块儿把通知发到每个同学手里！”……阿辉每做完一件事情都显得异常兴奋，做事的胆量也越来越大，与人交流也越来越好，还常常得到学校领导及各位老师的表扬。在老师的“器重”下，阿辉明显地克服了性格上的弱点和缺陷，显示出乐观、宽容、坚毅等优良品质，人际关系也向和谐愉悦的方向发展。

老师看到阿辉的进步心里别提多高兴了，时不时地或送给他一个甜甜的微笑，或竖起一个大拇指，或说一句鼓励的话语，或奖励给他一个欣赏的眼神……阿辉精神高度集中，全神贯注地听讲，生怕错过了老师“送”给他的这些别人没有的东西。见时机成熟，老师开始找阿辉谈话，向他提出一个老师不好回答的问题：“阿辉，学校各部的领导和老师都认识你，并对你所做的事情评价很高，可他们问我你的学习成绩怎么样，我还真不好回答。不说真话，有失老师的风度；说真话，我怕他们笑话你，以后就不重视你了。你看怎么办？”阿辉诚恳地说：“老师，我求您给我留点面子。千万别说我考试不及格！这样好不好，我自己要认真学，不会的可以问同学、问姐姐，您也帮帮我好吗？我不会的东西太多了……”

于是老师给阿辉制作了一个特殊的成长记录袋，阿辉特别珍惜这个记录袋，也很在意里面的东西，总愿意和老师在一起看自己的成长记录袋。记录袋中丰富多彩，有长跑获奖证书、有献爱心记录、有测试卷、有同学们的评价，有老师写给他的进步鼓励卡……从记录袋中可以看到阿辉进步的足迹。老师经常与阿辉一起翻看、分析记录袋中的内容，在交流中阿辉特别惬意，他用实际行动证明了通过努力是可以学到很多东西的。

一年的学习结束了，阿辉果真进步了！五年级上学期期末测试，阿辉取得了令家长都不敢相信的成绩，语文、数学、英语都在 *70* 分以上。

二、案例分析

这是一个学业有困难的“问题学生”。受家庭和学校环境的影响，消极地对待学习的态度导致阿辉感到学业有困难。所谓消极的态度就是对学习采取漠视和容忍的态度。如前面故事中的阿辉，在学习上屡屡受到挫折，让他感到沮丧和自卑，内心的矛盾、冲突必然导致情绪上的忧虑和不安。在这种消极情绪的影响下，他难以正常进行学习。他性格上的弱点和缺陷，使他与姐姐及同学很难相处，而人际关系的不和谐也是影响学习的重要因素之一。

三、具体成因

1. 家长溺爱

由于父母溺爱阿辉，家庭条件又好，过着衣来伸手、饭来张口的日子，父母的这种教育态度导致了阿辉在学习上意志薄弱、缺乏克服学习困难的顽强意志和坚韧毅力。

2. 惰性心理

学业有困难的学生往往学习基础薄弱，又没有好的学习生活习惯，功课差，对学习缺乏兴趣，不爱动脑，不想学习只想玩，惰性越来越严重。这种惰性会使人注意力不集中，遇困难容易退缩、消沉。

3. 自卑心理

学业困难的学生常常受到老师的训斥和批评，受到同学的冷眼。故事中的阿辉课堂上不愿积极参与，不积极回答老师的提问，考试总是不及格，缺乏自信心，只要遇到小小的失败或挫折，就轻易否定自己，产生逃避心理。

4. 长期遭遇冷落

由于学习成绩落后，学习态度消极，甚至行为不端，学业困难的学生往往容易受到同学，甚至老师的冷落。故事中的阿辉就有这样的境遇，而这种冷落强烈地暗示着阿辉认为自己不行，使阿辉觉得自己学不会。

四、教育策略

1. 给予尊重是转化的前提

很多老师对“学困生”没有给予更多的关注和器重，有的甚至采取讽刺、挖苦、体罚的方式对待他们。要想真正转变“学困生”，首先要转变观念，承认学生个体的差异，尊重他们的主体地位。故事中的老师看到阿辉学业有困难，并没有急于补习或者对其进行简单的说教，而是委托阿辉去做事，而阿辉每天乐此不疲。这种信任和重用，使阿辉赢得了足够的“面子”，他怎能不愿意接近老师呢？以至于后面老师让他“自己争面子”，这一切都源于“尊重”这个前提。

2. 间接介入是转化的良方

所谓间接介入就是对“学困生”的帮助不宜直接补课或辅导，而应该先从其他方面入手，解决其心态问题，然后再解决其具体的学习困难。前面故事中的教师在帮助阿辉时，先不涉及学习方面的事情，而是从其他方面入手，给予尊重和偏爱，在其有了良好的心态后，再来帮助其解决学习方面的困难，收到了较好的效果。因为，老师的帮扶只是一个外因，而起主导作用的却是内因，要想真正转化“学困生”应充分地调动内因，再促使内外因相结合。苏霍姆林斯基说得好：“要将学生所能接受的任务放在他面前，以使他能获得成绩。由于成绩，哪怕是最微不足道的，也能架起通往以肯定态度对待学习的桥梁。”

3. 树立自信心是转化的关键

自信犹如催化剂，能将人的一切潜能调动起来，使人在智力、体力、工作和做事能力等各方面的主动性、积极性得到充分发挥。而帮助“学困生”树立自信心更是转化他们的关键。

感情投资增加一点。爱是教育的源泉，对优秀生要爱，对“学困生”

更要爱，这种爱不是居高临下的施舍之爱，而是平等的和谐友爱。这是由“学困生”特殊的心理所决定的。“学困生”往往对老师的好意怀有一种戒备心理，怀疑老师是不是“醉翁之意不在酒”——对我好，只不过是控制我。因此，要建立特殊的感情纽带，就要消除这种戒备。前面故事中的老师，时不时地送给阿辉一个甜甜的微笑，竖起一个大拇指，说一句鼓励的话语，奖给他一个欣赏的眼神……这对看惯了白眼、听惯了数落之声的他来说，无异于滋润心田的甘露，显得无比珍贵。事实也的确是这样，老师用真诚的爱心消除“学困生”戒备的心理，让他们从感情上与老师融洽起来，“亲其师，信其道”，把两个积极性拧成一股绳，最终使“学困生”信任老师。

锻炼机会多给一点。每个人都有自己的特长和兴趣，“学困生”也不例外，要根据“学困生”的特长，搭建展示他们特长的舞台，只要可能就一定多给机会加以锻炼。学业困难的学生在其他方面也会有自己的优点和长处。教育工作者要找准切入点，发挥他们的特长和兴趣，给他们多一点锻炼的机会，让他们在参与活动的过程中发挥特长和优势，发展自治、自理的能力，优化人格品质。

体验成功优先一点。成功的快乐是一种巨大的精神力量，他能使学生增强信心，产生争取更大成功的愿望，体验成功是矫正“学困生”的一服良药。如前面故事中的阿辉帮助老师做了很多事情，而且做得很出色。相信他在这个过程中会增强自信，最终能使他形成一种意识——我能行。

4. 加强沟通是转化的保障

沟通可以促进了解，消除误会，达成共识。要加强与“学困生”的沟通，为“学困生”提供一个心理安慰的机会，通过采用面对面、悄悄话等个别辅导，帮助他们消除心理障碍，逐步树立正确的人生观，发展学生的健康人格。故事中的老师就是特别注重与阿辉的沟通，每次沟通都是在和谐欢悦的气氛中进行的，走进他的心灵，了解并研究他的心理需求，有效地促进他的转变。

帮助“学困生”摆脱学业困难要注意以下两个方面。

第一，给动力。要帮助学习有困难的学生明确发展的目标和可能性，正确认识自我，发现自己的优点和长处，扬长避短，促进转化。在他们学习不自觉时多给些监督和督促，在他们自信心不足时多给些激励和鞭策，在他们有所前进时多给些肯定和鼓励，在他们彷徨时多给些关爱和耐心。

第二，多支持。美国心理学家和教育学家本杰明·布卢姆（Benjamin Bloom）认为，学校学习中的许多个别差异是人为的、偶然的，而非个体所固有的，只要提供适当的先前与现实的条件，几乎所有的人都能学会一个人在世上所能学会的东西。从这一观点出发，教育工作者不应该对学业有困难的学生持怀疑态度，要相信他们，给他们以多方面的支持，为他们的成长搭建台阶，提供助力。

针对课堂麻木问题要深入了解，找到教育契机

在很多的课堂教学中，会看到少数学生极度活跃，一部分学生听讲时脸上却没有半点表情，教师无法从他们的脸上看出是喜欢听还是不喜欢听，是听懂了还是没听懂，这就是所谓的“课堂麻木”。

一、经典案例

天天的故事

来到这所学校的第二天，我就认识了他——天天。他家住在学校院里，是一个不爱讲话的孩子，但在我的启发下，他依然和我聊了很多关于班级和同学的话题。我说我愿意和他交朋友，他说他的语文学得很不好，怕表现不好让我失望。我说我会帮他的，他笑了。

课堂上，我看到的他真是一脸麻木的表情，从不参与任何的讨论。由于课堂上无所事事，每次上课都会看见他把头埋在书桌里，和同桌讲与课堂无关的话。同桌不和他讲，他就和后桌讲。看着他那个样子，我讲课的劲头一下全没了，真想把他叫到外面去。但是理智告诉我不能那样做。

星期一早读前，我把他叫到外面，我说：“天天，咱们来个约定好不好，每节课你必须回答老师两个问题，才算守约，如不能，你就违约了，下节课你还要补上。李老师每节都会等着你，你如果不能完成我们的约定，李老师会很失望的。”他答应了。上课时，他的注意力明显要比以前集中，我能看出他在寻找机会，但由于他一直没有参与的习惯，所以还很不适应，但看出他注意力比以前集中了，我心中很是高兴。这节课，他只回答了一个问题，但我已经很满足了。下课了，我走到他身旁说：“你的表现很不错，但你还欠李老师一个问题，下一节课一定要补上。”他点了点头。

又一节语文课，他听得更加用心了，遇到一个简单的问题，他勇敢地把手举了起来，我马上叫起了他，他答对了，得到了鼓励，接着第二个、第三个，回答了好几个问题，他一脸兴奋的表情，极有兴致，还和同学抢着回答问题。不仅还清了我的“账”，还超额完成了任务。

我很激动，我真的没想到他会这么快进入状态，也没有想到这个办法会这么有效。现在课堂上，他不淘气了，和同桌用心合作，互相评价，每节课都能积极参与，主动回答问题。更重要的是他对学习有了兴趣，他自己也说没想到语文课这么有意思。

缘缘的故事

她叫缘缘，一个外表十分文静漂亮的小姑娘，曾在四年级时随爸爸去美国学习半年。她的英语讲得很好，读过很多书，文笔也很好，她的习作每次都会被老师当做范文，在班级里她是同学羡慕的对象，好多同学都很喜欢她。

可就是这样优秀的一个学生在班级却极其不爱表现自己，不参加班级的任何活动，甚至上课不回答任何问题。课上看不到她与我交流的眼神，我心里真是着急。她这样的听课状况让我小分苦恼，看到她那麻木的听课表情，我没有了一点讲课的激情。我甚至想把她叫起来，大声质问她，为什么同学那样踊跃参与的课堂，在她看来会是那样的索然无味。她家人说她是一个外表冷漠、内心狂热的孩子。我也想过，就这样吧，不去管她了，也许像她家人说的，这就是她的性格呢，想来想去我还是没有那样做，静下心来之后，我思考了解决问题的办法。

我给一些在课堂主动回答问题的学生加分，有的还要给点儿小小的奖品。在分数和奖品的激励下，一部分学生非常主动，甚至是抢着回答问题。在同学们抢着回答问题的时候，我多么希望缘缘也能高高地把手举起来，可是她没有。我看到的她依然还是以往麻木的状态，我的心凉了，同时有些恼火，因为在这一切发生的时候，缘缘就像一个看热闹的旁观者。看来，这种办法在她身上是不管用的。

于是，我又用了解决天天问题的办法。课堂上在我的期待中，她终于举起了手，我下课马上表扬了她，但我说：“你还欠我一个，下节课一定要补上”，下一节课她果然又回答了一个。可是好景不长，几天后，她又不肯把手举起来了。我真有些泄气了，怎么会是这样呢？

我在思考着，也许对缘缘来讲，让她感受到被关注，不是简单的方法问题？

在以后的日子里，我不再要求她上课一定要回答问题了。但每到下课的时候我都会坐在她的座位旁与她聊天。她非常喜欢读书，于是我们经常在一起交流读书的收获，互相推荐好书，但每次她都说得很少。有一天，她突然主动找到我说：“老师，我想调一下座位。”我一听，机会来了。于是坐下和她聊了起来，她说她想和好朋友晓晓一起坐。我就不住地追问她，让她和我多聊一会儿，可她只说了她们两个很谈得来，在一起可以互相学习、互相提高，我就再也问不出什么了。但是，我还是答应了她。

尽管我努力地与她沟通，但还是觉得她与我之间有一段距离。无论多么精彩的课堂，我还是不能从她的眼睛里看到兴奋的目光，也许她还不能接受我的教学风格。我在心里对自己说“不要急”。而且我还发现缘缘的这个同桌自从和她在一桌后，也变得和她一样，上课时一言不发，有时甚至还会在下面画一些卡通画。我真的很恼火，后悔当初把她们两个调到一起，这样会不会互相影响，使得她们俩都不爱参与课堂了呢？我真想把她们两个分开，但我还是忍住了，心想在观察一段时间。

有一天，班里的航航同学病了。我说，谁愿意和老师一起为航航同学补课？这次她和她的同桌竟破天荒地同时把手举了起来。我很开心，立刻答应了她们。带着她们去医院的路上，我听见她们两个又说又笑，又蹦又跳，与班级里那两个上课一言不发的女孩相比，简直是判若两人。她们两个在疯闹的时候还会在我的身前身后藏来藏去，我也被感染了，就和她们一起玩了起来，真的好开心，仿佛也回到了童年，繁忙的工作带来的焦躁马上就没有了，看着她们那红扑扑的小脸，那一路没有合上的嘴，那开心的样子，我真想拥抱她们。“多可爱的孩子，除学习以外我对孩子们了解得太少了，和她们交流得太少了。我不能总是以老师的面孔在她们面前出现，应该换一副面孔。”我在心里默默地对自己说。

不知不觉地来到了医院，完全由她们两个主讲，我坐在一旁当听众。“打开语文书，读完课文后说说给你留下印象最深的部分，动笔把它画出来。”“这里要注意，此处最能体现作者的想法……”。她们两个变得相当活跃。这次补课她们带给了我好多的意外，回去的路上，我们有说有笑。我再也没有那种让她站起来发言的焦急了，我等着，等着她自然生长、破土而出的那一刻。

以后的日子，我发现她有了一些改变，虽然还是不肯站起来发言，但性格变得开朗了，爱和同学交往了，爱和我聊天了。有时，放学了，她也不肯走，喜欢和我说说班级的同学，说说班级的事情，我们有时甚至会忘记时间，聊到很晚。

那天，她的同桌站起来回答了一个问题，答得很精彩，看着同桌那喜滋滋的表情，她似乎也有了想回答问题的欲望。她的眼神告诉了我，她想答下一个问题，我马上叫起了她，她很有成就感地坐下了，看着她的表情我在想也许她的生长期已经到了。

我已记不清她第一次主动举手发言是在什么时候，回答的是哪个问题，当时我没有表扬她，只觉得她该举手了。现在每节课她都举手发言，而且还是好多次，我也没有在同学们面前表扬她，虽然这个等待的过程是这么漫长，但她的改变又让我觉得是那样的正常。我不能用表扬去惊动她，因为她这个自然生长的过程是不需要人工去修饰的，她真的不需要。直到我写这篇文章的今天，她还是那样踊跃举手发言，特别是一个难的问题，别人没有办法时，她总会自信地把手举起来，我们总是相视一笑，她也总是会把问题回答得那样精彩，我也会给她一个灿烂的笑。

作为教师，此时此刻，我真的觉得没有任何一个人能拥有我这样的幸福。

二、案例解析

“课堂麻木”是指学生对课堂信息接收不良、反馈不畅，麻木不仁。该思的不思或少思；该说的不说或少说；该做的不做或少做。最后导致学习者记忆不清，理解不透，不会灵活运用，更缺少创新。故事中天天和缘缘的这种现象在小学高年级是普遍存在的，课堂麻木不仅会导致学生对教师课堂输出的信息接收不畅，而且由于小学生的自制力不强，时间久了，还会对其他人形成干扰，就像故事中的天天那样。更会导致一种恶性循环，学生长期的课堂麻木会影响教师的讲课状态，教师不良的讲课状态又会直接作用于听讲的学生，这种氛围一旦在班级形成，将会给学生学习、教师教学带来不良的后果。

三、具体成因

1. 班额过大，教师无力顾及全体

目前，很多学校的自然班内学生人数过多，大班上课，很多学生几节课轮不到一次提问，导致教师很难照顾全体。

2. 教学形式单调，教学内容枯燥

尽管现代教学手段已经进入教室，但一部分教师的讲述仍占了上课时间的大部分，也就是说，学生在一堂课中一半以上的时间在听，而不是在讨论、练习、探究，不是在用自己的语言表达想法。这种教育方式只能使更多的学生等待教师的“喂养”，他们没有学会用脑去提出问题和解决问题，所以往往教师问学生是否有问题时，学生常常很茫然。学生只能用听课代替应该是各种感官并用的上课。时间久了，学生的学习主动性、积极性都会降低，直至变得麻木。

3. 简单机械的重复学习活动导致课堂麻木

应试教育思想浓重、课业负担较重、学生作业做到深夜，学生必须重复、单一地训练大量习题，学生的想象天性、探索精神、探究能力受到了严重破坏。人在单一、重复的活动中，是容易疲劳的，所以每天学生不得不拖着疲惫的身心去上课。这会影响大脑的发育，甚至有害于智力的发展。学生在这种压抑、疲劳、抑制的课堂上，久而久之，进入了麻木状态。故事中的缘缘曾在一篇日记中写有这样的话：我每天回家就是做作业。爸爸、妈妈拼命地追问考试的分数，分数低了，他们马上眉头紧锁，虽然没有批评我，但我心里很难受，我感觉我就是他们学习的机器。

4. 感受不到“成功”，造成了课堂沉默

很多教师的课堂是被几个“优等生”垄断的，课堂变成了教师和几个“优等生”的“表演”，其他的学生只是听众，久而久之，这部分体验不到成功的“听众”就丧失了参与的热情，课堂变得与他们没有关系。

另外，部分学生课堂上不完全、不准确的回答，不但得不到教师的引导，甚至还要受到教师的批评、受到同学的讥笑，这些都会使学生产生挫败感。学生有了挫败的体验，自尊心受到打击，久而久之，不再举手回答问题，不再积极参与课堂活动。在和天天聊天时他讲到，以前他的语文基础较弱。所以对语文课的兴趣不浓，课堂上他仅有的几次回答问题，每次都会成为同学的笑料，以致后来不敢回答问题，最终导致课堂无所事事，讲闲话、做小动作等。

5. 沉闷的校风、班风是学生麻木的大环境

宽松的、和谐的、民主的、探究的校风、班风会使学生积极地参与课堂，使自己成为学习的主人。而沉闷的学风，会使学生思维迟缓。所以常常见到同一个学生在不同的学校表现不一样，同一年级的不同自然班，活跃程度不一样的现象。

四、教育策略

1. 激励为主

通过精神奖励（加分）和物质奖励（发奖品）激发学生课堂参与的积极性，以改变课堂中少数学生的麻木状态。但对故事中的缘缘，这个办法似乎没有起到作用。

2. 积极关注

积极关注就是让学生感受到教师对他的关注。在“约定”“暗示”等作用下，使学生积极参与到课堂中来，改变了原来散漫的游离状态，切实感受到教师对他的关注。故事中的“天天”就是这样转变的。

3. 耐心等待

学生这种麻木状态绝非是短时间形成的，改变这种状态也绝不是一朝一夕的事情，所以是急不来的。在积极关注的同时，教师要耐心地等待学生的改变，不把自己的焦虑不安、急于改变的不良情绪传递给学生，这是实现学生积极参与的一个有效办法。故事中的缘缘就是在各种办法均不是很有效的情况下，教师耐心等待，寻找教育契机，结果改变了缘缘的课堂表现。

4. 拉近师生双方的心理距离

教师要创造条件增进师生之间的了解，自然就会走近彼此的内心，实现真正意义的心灵相通。故事中的缘缘就是这样，当教师只是关注她课堂麻木这一现象的时候，就忽视了她其他方面的优点，只是想着她为什么不发言、不喜欢回答问题这件事。当教师真正走近她，和她一起聊天，一起去给生病的同学补课时，才真正发现她是那么的可爱；她也看到了教师还有另外的一面，可以是她们的朋友。再回到课堂的时候，一切就有了改变。

那么，教师应该在教育中注意哪些问题呢？

第一，教师应关注有课堂麻木现象的学生。改变学生课堂麻木状态，要让学生真正感受到被关注，要真正走进学生的内心，只有真正地走进学生的内心，才能使学生的内心发生质的变化，这种变化带来的改变才会是持久的。就像故事中的缘缘，真正了解她、亲近她，才能让她有真正的改变。

第二，教师应有足够的耐心。在对待学生的这种麻木现象时，不能急躁、焦虑，否则只能适得其反。“问题学生”的教育应该是水到渠成，在这个过程中，需要耐心等待。

针对偏科问题要以强带弱，激发学生对“弱科”的兴趣

学习中，不少学生存在“偏科”现象，他们往往对某些学科感到厌烦，毫无兴趣可言。一旦有了“不擅长的学科”就会给自己的学习、生活带来诸多麻烦。很多专家告诫，要从大的方面引导。让孩子认识到社会需要的是复合型人才，综合素质才是衡量学生的最佳尺度等。其实这是站在成人的角度看问题。在实际操作中，往往是教师和家长的一厢情愿。对世界观还没有形成的小学生来说，说教往往收效甚微，如何从孩子的角度看问题才是关键。实际上，每个孩子的个性特点不同，学习环境不同，学习方法不同，产生偏科的原因各不相同。只有对症下药，才能有效防止和根治。

一、经典案例

雨桐是五年级的一名学生，长得很漂亮，刚接班时我对她的印象很深。可几次考试后，我发现她除语文成绩外其他科目成绩都是在班级的前列，可语文成绩却总是最后一名。事实告诉我，雨桐偏科，而且还比较严重。

一次考试后，雨桐找到我，说自己很努力了，可语文成绩怎么也上不来，她真的失去了学好语文的信心。她的话使我想起前几天看到的一个故事，于是我说：“你帮我做一件小小的事情，可以吗？”她点点头。我说：“好，现在，请你拿着老师的茶杯去帮老师接一杯水。请你注意，在什么样的情况下，杯子里的水满得最快，用的时间最少。”雨桐走到饮水机前，起先把水龙头拧几柠，开到了最大，结果水“哗……”的一下从杯子里冲出来，溅得她满脸满身都是水，她赶紧将水龙头往回一拧，水还在溅，又一拧，杯子里还有水花，再一拧，水不溅了。她把满满一杯水放到了我的桌子上，我说：“在什么情况下杯中的水最容易盛满呢？是水龙头拧得最大，最小，还是恰如其分？”她说是恰如其分。我说你回去吧，你已经知道怎样学好语文了。雨桐一脸茫然地走了。第二天她

递给我一张条子，上面写道：“老师，我明白了，学语文，也要象接满水杯的道里是一样的，只有寻找适合自己的恰当的方法，光急没用，欲束则不达！您说对吗？”尽管这里有三个错别字，还有三处前后搭配不当，但我还是向她伸出了大拇指，并真挚地朝她点头。女孩脸上绽满了笑容，高高兴兴地回教室去了。

通过观察及多次与她接触，我了解了她语文学习的障碍。一是识记能力不强，体现在积累上是错字连篇，在词语过关测试中，她连 50 % 的正确率都达不到；二是理解能力较差，对词语、句子和段落的理解感悟能力较低；三是应用能力较低，不会造句，作文前言不搭后语，自己却一概不知。

这以后，我经常关注雨桐的语文学习情况。我让雨桐做语文学科的课代表，以培养她学习语文的兴趣，激活她潜在的学习语文的内驱力，上课时经常叫她起来读书、回答问题。雨桐的声音非常好听，尽管她读书不是很流利，我还是多次表扬鼓励她，并经常课下指导她读书，让她回家好好练习，课上读给同学们听。她很听话，每天都坚持回家有感情地朗读课文。接下来的几次考试我都明显降低了难度。几次考试后，雨桐的语文成绩有明显提高，我发现她的眼中有一种异样的光。看来自信心是有了，下一步的关键是让她掌握必要的学习方法。

我利用她作课代表之便，经常与她探讨，并循序渐进地帮助她提高语文学习能力。她识记能力不强，我们就一起探讨怎样进行记忆。当她背诵段落时，我引导她一边背诵一边在眼前出现影像，背上句联想下句。为提高她的记忆力，我给她十个毫不相干的词语，让她先看三分钟再进行记忆，第一次她只能记住三个。然后我让她把这些词语重新排列，可以考虑押韵顺口，也可以考虑相近事物，还可以把这些词语编成一个她自己能复述的故事。雨桐都尝试着去做了。果然这一次十个她都记住了。这也许是她首次有这么出色的成功体验，我分明看到了她由于兴奋而涨红的脸。对于错别字，我与她认真分析，并做到以后写字时放慢速度，一边写一边想字的组成，以及字的形象、字的意思。这样尝试了一段时间以后，她的语文学习的确有了进步。

当然，要提高她的理解能力和运用能力不是一时之功，但我始终从最基本的方法入手，在她懂得了一些方法后，从最简单的练起，让其享受到掌握方法的成就感。学习《圆明园的毁灭》，我要求她上网找资料，并做成课件（雨桐的父母都是搞软件开发的。雨桐计算机的操作能力比其他同学都要强），课上讲给同学们听；学习《董存瑞舍身炸暗堡》，我让她对着课题提问题，然后读书寻找答案，最后把问题的答案连起来讲就是这篇文章的主要内容，并告诉她这叫审题归纳法，凡是以事件命题的文章你都可以尝试着运用这种办法。在用词语造句后，我引导她向自己提出问题，诸如：这句话我用上需要造句的这个词语了吗？我写的这句话通顺吗？我加好标点了吗？句子中是否出现错别字了？我该怎样改正？

就这样，在我耐心的辅导之下，雨桐还真的掌握了不少学习语文的方法。自信心的上升加之方法的掌握，使雨桐不再害怕学习语文，而是充满热情，投入了相当多的精力。课上她再也不是“专职听众”了，积极而有效地参与让这位语文课代表越来越被同学们刮目相看了。

课后我经常推荐一些课外读物给雨桐，有时还亲自带着她一起到书店购买，还不失时机地指导她如何选读课外书。

学校经常搞一些活动，我总是找机会鼓励雨桐去参加。她先后参加了年级组的“数学奥林匹克知识竞赛”、学校组织的“孝心故事演讲大赛”等，每次都取得了较好的成绩。前不久，在升旗的仪式上她代表班级做国旗下的讲话，赢得了全校师生的好评。

这个学期末，雨桐获得了语文、数学、英语三科成绩精英奖。

二、案例解析

雨桐出现的问题主要是偏科问题。从她的表现上看，她不喜欢语文课，更不愿意积极参与，每次语文作业虽然都能完成，但实际上只是应付老师的检查，从来没有认真做过。她智力正常，语文学得不好完全是非智力因素导致的。在学习中她不能正确对待各门学科的学习，把主要精力集中于喜欢的数学学科，忽视甚至放弃语文学科的学习。久而久之，她的学科成绩就出现较大差异，形成“强科”与“弱科”之分。偏科的危害是显而易见的，一是在知识上产生缺陷，在学科方面出现“跛腿”现象。

由于偏科的影响会造成某一领域总是“低人一等”。这样不仅影响人的情绪低落，还将影响继续求学或深造。当今时代的人才必须具有综合素质，这就要求学生必须各科均衡发展，也只有保证了这种发展势头，才能综合提高他们的素质。二是影响其他学科的学习，因为各门学科是相互联系的，缺一就会觉得不协调。正如人缺一只手或一条腿一样，就会有很多不便。小学阶段正是打基础的时期，学生应全面发展，不能产生偏科现象。实践表明如果学生在小学阶段就开始偏科，那么将来到中学由于偏科距离拉开得就会越来越大，偏科越来越严重，再矫正起来就更加费力。所以小学教师要认真对待学生出现偏科的现象。

三、具体成因

1. 对语文教师不喜欢，导致了对该学科失去学习兴趣

小学生偏科学习，受教师影响较大。学生偏爱某一学科往往是由于喜爱任课教师所致，偏爱某一学科，能提高该科学习成绩，而好的学习成绩，又强化了其对该科的喜爱，形成良性循环；反之学生不喜欢某个教师，也往往不喜欢某个教师所教的学科，久而久之，学习成绩下降，丧失这一学科的学习自信心，导致恶性循环。故事中的雨桐由于原来的班主任是一位年轻漂亮的数学女教师，说话也很温柔，同学们有一点进步就加以鼓动和表扬，雨桐特别喜欢她，所以数学课喜欢上，还愿意积极参与，所以越学越有劲，学得就好。而语文教师是一个有板有眼的男教师，从来不苟言笑，对同学们要求严格，总是批评多，表扬少。班级学生人部分都害怕他，雨桐也不例外，对语文教师不喜欢，导致了对该学科失去学习兴趣，于是几年下来，就出现了如此悬殊的偏科现象。

2. 家庭环境没有给雨桐带来学好语文的影响

家庭特殊的文化氛围和家长的某些爱好，以及家长职业差异也会诱发学生偏科。有人做过调查，如果孩子的妈妈是语文教师，那么孩子的语文成绩就好，如果爸爸是篮球运动员，那么孩子就会喜欢上篮球，也似乎有这方面的天赋。这种潜移默化是谁都改变不了的。雨桐的父母是做计算机软件的，从家访中感到家长不善言谈，与教师不多说一句废话，显得很理性。父母都是计算机软件开发的专家，难怪雨桐操作计算机那么熟练，经常按照“我”的要求做事，比“我”做得还好。在计算机方面班级同学都望尘莫及。当问及课外读书情况时，家长显得很无奈，没给孩子有计划地购买图书，只是逛书城时顺便捎带一两本。至于孩子看没看，喜欢不喜欢看，家长从没有过问过。没有一点文学色彩的家庭难怪孩子对语文不感兴趣。

3. 学生智力优长与兴趣差异所致

根据美国发展心理学家加德纳（Howard Gardner）的多元智力理论，人的智力应是多元的，每个人至少存在着的七种智力，即言语——语言智力、逻辑——数理智力、视觉——空间智力、音乐——节奏智力、身体——动觉智力、交往——交流智力、自知——自省智力。加德纳认为这七种智力在现实生活中错综复杂地、有机地以不同方式、不同程序组合在一起，使得每一个人的智力各具特点。加德纳还认为每种智力发展各有不同，有的人言语——语言智力发展快，表现在学习上偏爱语文学科；有的人逻辑——数理智力发展好，学习上偏爱数学；音乐——节奏智力强的人，多数偏重音乐学习；身体——动觉智力好的人，多数偏爱体育课。可见学生偏重什么学科学习，跟不同智力发展有一定关系。想必雨桐一定是“逻辑——数理智力发展得好”。此外，学生偏科往往也是由兴趣差异造成的。兴趣是学习的动力，学生重视感兴趣的学科，轻视或不学讨厌的学科。学生对某门学科兴趣较强，就产生学习动力，便能主动积极地去学这门课；反之，对某门学科兴趣弱或没有兴趣，学生自然不愿把精力花在这门课上。

四、教育策略

对于偏科的学生，教师要根据国家课程标准要求，积极指导，帮助矫治；不同的偏科原因和偏科现象，将采取不同的矫治偏科的策略。在对待雨桐的偏科问题上，故事中的教师主要采取的是以下几种策略。

1. 把矫治偏科的着眼点放在激发“弱科”学习的兴趣上

兴趣是学习的最好动力，引导学生培养学习兴趣是提高学生学业成绩的基础工作。学生一旦对学习产生了浓厚的兴趣，学习就会有强大的内动力。在上面的故事中教师激发兴趣所采用的方法有：一是放低要求，用目标激发兴趣。当教师发现雨桐严重偏科时，并没有马上急于补习，而是放低考试的要求，用比较简单的试题，获得“该生较为满意的结果”。这样便能激起该生再接再厉的勇气，该生的兴趣就会越来越浓厚。二是用信任和优势引导兴趣。即使再偏科的学生，在该学科的学习上也应该有他自己的优势。教师要信任他们，并充分重视他们的优势促使他们的兴趣形成。如故事中的教师让雨桐做语文学科的课代表，并发挥她读书声音好听的优势，以此为“兴奋点”培养兴趣，建立信心。三是用兴趣激发兴趣。学生对“弱科”没有兴趣，而对某项活动有兴趣，可利用其对某项活动的兴趣，迁移到“弱科”学习上来。如让雨桐做课件，学生佩服雨桐的能力，她自己也会享受到成功的快乐。

2. 把矫治偏科的着力点放在课内外的结合上

偏科生对“弱科”学习既缺乏兴趣，还有畏难情绪，遇到困难往往知难而退，所以教师的跟进显得非常重要。认真上好每一节课，经营好自己的课堂，给“弱势群体”多一些参与的机会，并多表扬和鼓励；有计划地辅导好课下，遥控好课外，包括当面循序渐进辅导，电话沟通，班级网站上的论坛等。只有课内外有机结合，科学掌控，才能培养“弱科”学生学习的意志，养成勤学不懈的品质。

3. 把矫治偏科的侧重点放在培养“弱科”的能力上

矫治“弱科”学习，除了激发兴趣，课内外有计划地跟进，培养学生的学习意志，还要把侧重点放在培养能力上。如语文是一个学生的“弱科”，那么，教师应该帮助学生提高识记能力、概括能力、理解能力及运用能力等。当然，“冰冻三尺非一日之寒”，培养能力是一个较长的过程，教师要善于发现学生能力上的不足，进行强化与补救训练。上面故事中的教师在培养雨桐的能力上的确花了不少的精力，但看教师的辅导就可以感受得到，教雨桐背书、记忆词语等，并不是让其死记硬背，而是在添加、生发和构建过程中识记；为杜绝写错别字，教师引导学生用“分解一组合表象策略”（一边写一边想字的组成，以及字的形象、字的意思）；在概括主要内容时，教师把三种知识都有机地渗透给学生——陈述性知识（审题归纳法）、程序性知识（先对着课题提出问题，再读书寻找答案，然后把答案连起来说）和条件性知识（事件命题的文章）；在理解课文时，让其查找资料，这样更有利于对课文内容的理解，“先行组织者”策略在这里发挥应有的作用；而在引导学生正确用词语造句时，教师让学生自己给自己提出问题，便于细致检查——元认知在小学生的学习中也得以运用……正是因为教师特别注重学习方法的运用和学习能力的培养，所以才使偏科比较严重的学生在学习“弱科”上进步如此之快。

4. 把矫治偏科的落脚点放在促使学生素质的全面发展上

矫治学生偏科需要教师、家长、学校等多方配合，各种方法整合运用，最终要力求达成各学科的平衡发展。对于偏科的学生，家长和教师都要多搭建展示他们才能的平台，在他们积极参与活动的过程中，促使学生素质的全面发展。如上面故事中，让雨桐发挥优长学科的潜能，参加“数学奥林匹克知识竞赛”，发挥弱势学科的潜力，如让其讲孝心故事，国旗下讲话等，这样在强化“弱科”的同时，促使“强科”更优。

为了更好地纠正学生的偏科问题，应该在以下两个方面多加注意。

1. 避免弱科变强科，强科反而变弱科

矫治偏科学生，教师需要投入大量的时间，对学生进行“弱科”补差，帮助他们克服学习上的困难。但是，克服学习上的偏科倾向，千万不能“矫枉过正”，否则出现“弱科变强科，强科反而变弱科”，学生还是不能全面学习。矫治偏科学习的落脚点一定放在促使学生素质全面发展上，在抓“弱科”学习的同时，不仅不应限制他们对所擅长科目的学习，还应帮助他们充分发挥自己的“强科”优势，既要补“弱科”之短，又要扬“强科”之长，这样有利于学生全面提高。有一个木桶原理是说，一个用木板做的木桶，若有一块木板短于其他木板，那么这个桶的容积只能达到短木板的上沿。但如若把木桶斜放，容积就大了。对偏科生也是一样，尽量充分发挥“强科”之长，以长促长，取长补短，他们才会更全面、更健康地发展。

2. 注意培养学生的自信心

偏科学生普遍对薄弱学科缺乏信心，望而生畏，少投入或干脆不投入。面对基础好的学科则越学越有兴趣，花的时间也就越多。针对这种现象，教师、家长、学生必须树立共同的观念：亡羊补牢犹未晚。鼓励学生重新树立起学习的信心，确立切合实际的目标，使他们具有勇于挑战、越是困难越向前的斗志。教师则应深入了解、掌握学生的知识缺漏情况，做到能对症下药。强调加强学法指导，把学生真正作为学习的主体，当他们获得一点进步时，教师应充分地肯定和表扬。这样，他们能充满自信，勇往直前，不断进步。

针对逃学问题要让学生重回课堂

学生逃学现象，在现代社会的各个国家都普遍存在。在我国，部分学生厌学情绪不断增长，逃学现象屡见不鲜。学生逃学出走，一方面严重损害学生身心健康成长，甚至给自己带来生命危险，给家庭带来不幸；另一方面也给社会增加不安定因素，有时会伤害他人的生命安全。

（一）学生逃学后都会做什么

1. 闲逛

一些学生逃学生之后会选择在各种商场及游乐场闲逛来消磨时间。这种学生大多或是为了逃避学习，或是由于家长施加的压力，或是由于同学的孤立。这种情况问题不大，当他们把身上的钱花完又冷又饿时会自己跑回家。学校和家长给予及时的教育和引导，会马上回到学校。

2. 上网

一些学生逃学之后无处可去就会钻进网吧发泄心中的压抑和不满。这种学生的问题如果家长和学校解决得科学、及时也就罢了，如果一旦家长和教师不分青红皂白对其大加批评反而会助长他们逃学的欲望，最终他们还会选择网吧去发泄，时间长了就会上网成瘾，不能自拔。

3. 打工

有的学生出于对外界的好奇，以及迫于实现闯荡江湖的强烈愿望，而逃学去“闯荡”。出去之后他们无非是在餐馆或非法工厂打工，有的会被黑心老板控制人身自由成为他们的免费劳工，有的学生甚至会遭受辱骂、毒打、性侵犯等，严重的会丧命。

4. 偷盗抢劫

这种学生的厌学情绪比较高，一般学习较差，但他们又热衷于“正义”“英雄主义”，总是希望能获得他人的崇拜，加之受网络和社会不良因素的影响，他们就会模仿一些暴力行为，或是偷盗，或是抢劫，用这种方式来突显自己的“英雄本色”。

以上说的是学生逃学之后最常见的几种行为，有的逃学之后还会去寻找自己的“梦中情人”（多发生在女生身上）。那学生为什么会逃学呢？

（二）原因分析

1. 学生个体原因

（1）学习动机不明确。

动机不明确是学生个体因素的主要方面。他们多是学习有困难的学生，在历次考试中成绩居后，自暴自弃，产生厌学、畏学心理，对学习失去兴趣，主要表现：一是没有学习目标。不知道为什么学习，学习有何用，学只是单纯地应付差事，用一种消极的态度去对待学习，即使有一个模糊的目标，但也不能很好地以此激励自己；二是失去学习信心。这些学生学习基础较差，没有掌握有效的学习方法，常被家长和教师责备“脑子笨”而承受着来自家长和教师的压力，在学习上屡遭挫败，尝尽了学习的艰辛，没有获得学习的乐趣，自暴自弃，以逃学来逃避现实、寻找乐趣。

（2）个性放任自流。

这类学生其实很聪明好动，但他们自命不凡，做事易冲动，不计后果，与校规校纪格格不入，是教师看不顺眼的学生。由于学生的认识和道德判断力处于形成期，难于辨别是非，不羁的性格使他们认为叛逆就是有个性，就是与众不同，于是他们处处与家长和教师作对以突显“个性”。这当然不符合教师的好学生标准，因此只要发现违纪行为就会毫不留情，坚决进行批判教育；如果再遇上专业素质水平较低的教师使用粗暴简单的方法进行教育，很容易打击学生的学习信心，以致使他们产生逃学的念头。

（3）恋爱的错误引导。

这类学生正处于青春萌动期，对异性充满了好奇。由于学校和家庭引导教育不当，同时受外界不良环境的影响，他们对于自己的理想前途缺乏应有的追求，整天沉溺在理想的二人世界中不能自拔，以至于在课堂上无精打采，神情恍惚，注意力不集中，满脑子想的都是如何和对方浪漫相处。一旦事情败露，双方就会逃学去追求他们向往的“幸福生活”。

（4）生理因素的影响。

学生毕竟是孩子，这就决定了他们在成长的道路上必然会犯一些错误。尤其是中学生，他们的年龄在 *13* 岁～ *15* 岁这一特殊阶段。此时的他们情感脆弱、自制力差、易冲动、反抗意识强，对外界的刺激反应强烈，一些本身就有心理障碍的学生，如面对社会易退缩、自卑、抑郁等，如果心里稍有不如意，就会逃学。

2. 学校因素

学校教育作为一种有目的的培养人的活动，它在学生的成长过程中起到了全面、系统和深刻的影响，即主导作用。但一旦学校的教育理念出现了错误，那对学生的负面影响更是无法估量的。因此学生逃学也有学校的原因。

（1）培养目标出现偏差。

学校为了提高知名度，只是片面地追求升学率，置学生的个性发展于不顾，忽视甚至取消体育、德育、美育、劳技教育，造成教学目的与培养目标的单一性和模式化。所谓的英才教育也是单一地追求高分，其他方面的能力不被重视和认可，因而使大多数学生在学习中体味到的经常是挫败感，感受到的是压抑，自己的优点和才能无用武之地。

（2）教学无趣枯燥。

导致教学无趣枯燥的主要原因是：一是在课程设置上，个别学科划分过于精细，知识缺少整合与联系，彼此孤立。各种知识只是简单地停留在书本上、课堂中，缺乏实践性，无法与现实社会、生活相结合，使学生难于理解，没有吸引力；二是学科教材的知识层次过深，难度大，超出了学生的理解接受能力。过重的课业负担很容易诱发学生的厌学情绪；三是有的教师往往忽视教学目的，把主要精力集中在少数成绩好的学生身上，放松甚至放弃对多数学生的教育；有的教师教学质量偏低，课堂死气沉沉，枯燥乏味，这怎能不让学生生厌？

（3）校内生活狭窄。

现在的学校教育被简化为教学，学生在学校除了学习没有其他事可做。目前，多数学校对学生进行封闭式管理，美其名曰“军事化管理”。学生有的只是封闭、狭窄的学习空间，从课堂到课堂，从读书到读书，没有精彩纷繁的课余生活，只有单一化的读书生活。但是作为孩子的学生除学习之外还有玩。孩子在玩中可以学会感知世界、感知他人，学会遵守原则，学会保护他人。这些东西在课堂上是很难理解的。校内狭窄的生活使不少学生没有自由时间，没有健全心态，在如此环境下生活他们肯定会逃避。

（4）教师方面的原因。

相当数量的教师不懂得教育规律，对工作缺乏应有的热情，对犯有错误的学生采取高压政策，怒斥、责骂、体罚，使学生处于恐惧的心理状态中。其实这些人是不适合从事教育教学的。另外有的教师虽然热爱本职工作，却在教育学生上缺乏智慧。他们教学方法简单，未能针对学生个别差异，实施分层教学、因材施教，对于学生所犯的错误也只是粗暴地责备。有关资料在对逃学的学生调查访问中得知，逃学者往往是那些平时纪律松懈、经常被教师忽略的学生。他们既自卑又反抗，在屡次受到打击之后就会自暴自弃、心灰意冷，转而逃学。

3. 家庭因素

（1）残缺家庭。

残缺的家庭，要么是单亲家庭，要么是离异家庭，要么是重新组合家庭。家庭不和睦，家庭中缺少温暖，或多或少会在孩子心中留下阴影，使孩子形成冷漠、极端的个性。这类家庭中的逃学者，可能会遭遇以下两种情况：一是受父母虐待，或父母根本不照管孩子，孩子便盲目地转向他人（包括不良群体）寻求认同和温暖；二是由于家庭的残缺不全，导致父亲或母亲中的一方对孩子百般溺爱，将孩子视为自己唯一的希望，教育方法却简单粗暴，对孩子要求过于严格，从而使孩子对父母产生逆反心理，以反抗来表达对父母的不满。而孩子又容易把这种不愉快的情绪带到学校甚至课堂上来，导致课堂上注意力不集中，影响学习。如果此时教师再对他们施加压力，会使学生感到孤立无援，对属于自己的学习任务，多半采取抵制的态度，有时想不通就逃学；有的受社会上不良人群的诱惑，讲哥们儿义气，出没于各种娱乐场所，寻求精神寄托；有的甚至干些违法乱纪的事。

（2）家庭过于完美。

这种家庭的父母事业有成，他们在各自的工作岗位上，做出了令人羡慕的业绩，可谓是事业有成。在这种家庭环境中影响下的学生往往充满自信，敢为人先。在多数情况下他们基本上受到的都是别人的赞扬与羡慕，很少能体会到生活的艰苦与失败的挫折。但他们也易成为心理脆弱的群体，因为很少面对困难和挫折，所以他们的心理承受能力差，经受不起失败的考验，但又过于追求完美。这会有两种情况：一种是当他们面对挫折（如考试不理想）时不会转变思想，认识不到成功与失败是共生的，这就容易走极端，或是逃学，或是自杀等；一种是由于受到的赞扬与瞩目多了，使他们害怕失败，害怕失去赞扬与羡慕，极易患得患失，而这种不稳定的心理倾向又无处宣泄，一旦达到了他的心理承受极限时，就会以逃学的形式表现出来。

4.社会因素

社会环境对学生起着潜移默化作用，是学生逃学的一个重要的外因。第一，社会娱乐设施日趋多样化，如录像室、电子游戏机室、卡拉OK厅等遍及社会的各个角落，诱惑着广大中小学生。感到学校生活无聊与枯燥的学生一旦发现外面精彩的世界，便以逃学的方式来满足自身的精神需求。第二，社会治安秩序混乱，近年来时常有学生被绑架勒索的事件发生，使学生没有安全感，有的学生因为害怕而逃学，甚至是不敢上学。第三，社会不良风气影响学生的思想认识，比如，各种腐朽思想和“黄色”文化滋生、流行，新的“读书无用论”兴起，导致一些学生追求享受，吃喝玩乐，丧失学习的动力和热情，在社会游荡、混日子。

（三）解决对策

要想解决学生的逃学问题，它需要学校、家庭、社会多方共同努力，形成一种有效的教育网络沟通体系。这样能做到标本兼治，学生中的逃学现象也能得到根本解决。其中学校和家庭显得尤为重要，因为学校和家庭直接与孩子面对面，作用更大。

1. 学校方面

（1）学校要注重教师素质的提高。

学校要提高教师素质，首先要做的就是摆脱学校教育就是教学的错误理念。学校的教育理念转变了，教师的教育理念也会随之转变，教师就会重视教学目的，积极开展丰富多彩的课余生活；对有特殊才能、有专长的学生就会因材施教，积极培养。其次，学校加强教师队伍的建设，培训教师研究目前独生子女群体德育工作的特殊性、复杂性，尤其是对于学生中的逃学群体，让教师成为智慧型的教师，舍得花时间、花精力探究学生思想问题的根源，找出解决问题的科学对策。最后，学校要建立健全德育网络，提高学生的文化素质，降低学生逃学的内部倾向。

（2）教师方面。

在学校中，教师对学生的教育起着主导作用。因此，要解决学生逃学问题，教师必须花精力。

首先，采取有效的教学形式。学生逃学的主要原因还是对学习失去了兴趣，教师可以通过教学的趣味性，调动学生的学习兴趣，促使学生能够主动地参与到课堂教学之中。比如，教师可以列举一些与知识点有关的故事，或是能拓展知识面的事例，增加课堂的趣味性，激发学生的求知欲；还可以在学生注意力快分散时（一般小学生 15 分钟，中学生 20 分钟）通过幽默的语言或笑话调节学生的注意力，使其注意力再次集中。

其次，时刻关注学习基础较差的学生。要学会把握学生的思想动态和情绪变化，即使是一点点不经意的不良情绪，都可能引发潜在的问题。要及时找准思想教育的契机。平时要定期与他们交流、谈心，与学生产生心灵上的共鸣，不要等到问题出现时才去交流。那时学生已经对教师产生抵触情绪了，进行思想教育为时已晚。另外教师可以通过与学生的交流，根据学生的自身情况建立个人档案。对于那些在残缺家庭环境下成长的学生，要引导他们保持良好的心态，自尊自爱、自立自强，教育他们学会体谅父母的艰难。对于那些个性自由散漫的学生，首先要理解体谅他们，然后是严格要求，需要惩罚的时候要给予适当的惩罚；还需要注意的是不要拘束他们的个性，尤其是注意培养他们的特长，因为这样的学生在将来可能会有一番大作为，成为作家、艺术家等都有可能。

最后，教师要经常与家长保持联系。因为家校配合是最理想的教育手段，一方面了解学生在家庭中的具体情况，也可以及时纠正家长对学生采取暴力式的教育手段；另一方面可以及时与家长交流学生的在校表现。若发现问题，应与家长达成共识，让家长参与到学校的管理、教育之中，杜绝学生逃学现象。

2. 家庭方面

（1）期望要切合实际。

多数家长在对孩子的学业要求上脱离实际，超出孩子现实的能力，给孩子造成巨大的心理压力和心理负担，常常是事与愿违，使孩子产生厌学心理。作为父母要合理地分析孩子的素质、兴趣、爱好，引导孩子努力克服不足，形成一个合乎孩子本身特点的期望值，让孩子有信心、有兴趣地去学习。

（2）创造民主的家庭环境。

家庭成员之间应相互尊重、互相体谅、互相关心，有事情和困难要争取彼此的意见和帮助。家长经常与孩子进行交流，建立平等的和睦关系，鼓励孩子走出去，与自然、社会、同伴多接触，并及时地了解其平常交友的情况和活动场所，及时对孩子不正确的行为加以引导。在与孩子交流时更要注意细节，如谈话时与孩子平视，使孩子更能体会到受尊重的感觉。此外，家长的一言一行要起到表率作用，对孩子起到积极影响。

3. 政府方面

要加大《中华人民共和国义务教育法》实施的力度。禁止单位和个人招收学生做工、经商；要加强对电影院、录像厅、电子游戏室等娱乐场所的管理，禁止学生在非节假日进入这些场所玩乐，更要严厉禁止学生参与赌博、观看黄色、低级趣味的影视片；对敲诈、恐吓、殴打青少年的流氓分子应予以坚决打击，切实为青少年创造一个不受干扰的、安全的社会环境。

针对唯我独尊问题要帮助学生建立健康的人格

“唯我独尊”心理，是指目前普遍存在于学生身上的一种以“自我为中心”的心理现象。持有这种心理的学生常常表现为不善于团结、不善于同情、不善于竞争、不善于协作、不善解人意、不尊重他人、缺少助人为乐的品质和行为等。这样的学生多为在家庭中集万千宠爱于一身的独生子女。

这种极度自我的心理，尽管对于学生的身心健康发展颇为不利，但老师不能采取强硬措施，直接斥责学生在此心理驱使下做出的异常行为，而应该联合家长，制定适宜的心理调整策略，一步步地把他们从“小皇帝”“小公主”的宝座上扶下来。

一、经典案例

甘肃省某小学的马老师，是一位模范班主任。在马老师班级里，有位叫小强的男生。小强的整体素质比较好，聪明伶俐，理解能力强，思维敏捷，总能凭借自己的天赋较为容易地取得优异的学习成绩，因此也颇得老师的喜爱，经常受到表扬。

然而，后来发生的几件事情让大家对小强的态度大为改变。

一天，马老师叫小强进行板演。在回座位时，小强无意中把一位同学的文具盒从桌角上碰了下来，里面的文具撒了一地。

文具盒的主人佳宜要求小强道歉，并且要求小强马上把文具盒捡起来。本来一句“对不起”就能解决的问题，小强偏偏强硬地说：“我又不是故意的，你自己捡。”

“虽然不是你故意碰的，却是你通过时碰掉的。如果不是你，它不可能掉下去。所以，你必须捡。”

“我不捡就是不捡。”

“我就要你捡。”

就这样，小强不仅拒不承认自己的过错，还坚持不给佳宜捡文具。

双方不顾此时正在上课而僵持起来……

马老师一看，急忙走过来劝解。事情最终以马老师把佳宜的文具盒捡起来而结束，但小强却还振振有词地说：“我不是故意的，凭什么让我道歉，让我捡？”

还有一次，班长开班会讨论如何办好元旦庆祝晚会。班长说：“大家可以提出自己的意见。”

只见小强站起来说：“我有个好主意。”然后滔滔不绝地说表演小品更能活跃气氛，可以让大家玩得开心。

小强刚说完，就有同学站起来反驳：“马上就要考试了，我们哪里有那么多时间彩排啊？还是唱歌好了。”

“不行！唱歌太简单了，大家高兴不起来。还是小品好！”小强说。

“我个人还是认为唱歌好。”佳宜说，“但是如果其他同学认为小品好，我也就听从大家的意见了。班长，举手表决吧！”，

“不行！根本就用不着表决。就按我说的，否则我就不参加了。”此时的小强已经很不耐烦了。

“这是讨论会，怎么能不讨论就决定呢？我看还是让其他同学说说吧！”班长说。

“讨论来讨论去，还不就那样！我说不用讨论就不用讨论了。班长，你就采纳我的意见吧！”

这时，有同学站起来说：“小强，你太霸道了。晚会是大家的事情，你凭什么不让我们决定啊？”

“我说不让就不让！你能怎么样？”小强的脸憋得通红，一副要吵架的样子。

“好了！我们总不能因为这个吵架吧！我们在晚会上设置小品这个项目！”班长说。

班长的话刚说完，小强就得意扬扬地冲着和自己争论的那两位同学做鬼脸，一副大获全胜的样子。

而其他同学见此，都露出厌恶的表情。

渐渐地，班级里愿意与小强说话的同学越来越少了，甚至只要看到小强，大家就自动扭过头去。而小强自己也感觉到了同学们的反感，但

是却不知道自己错在哪里，因此终日闷闷不乐，学习成绩也日渐下滑。

看到小强这个样子，马老师也奇怪，便开始仔细观察他的一举一动。

刚开始，马老师以为，小强宁“死”不承认错误，处处争强好胜，是要面子、不服输的表现，后来才意识到这是小强“唯我独尊”的异常心理在作怪。

纵观小强多次被同学告状的表现，无不体现着他“唯我独尊”的心理。平时，小强只许同学对他一个人好，不允许好朋友结交新朋友；对普通同学不够尊重，处处以自我为中心；遇到事情好冲动，受不得半点委屈；班会上，喜欢打断他人的发言，却不允许他人违背自己的意愿。

找到“病症”后，最要紧的就是追根溯源，杀死致病的细菌。马老师决定对小强进行一次家访，弄清楚引发小强这种心理的具体原因。

通过家访，马老师了解到小强家四代单传，小强是家里唯一的宝贝儿子。家长对他格外溺爱，对于小强提出的要求，从来没有反驳过。时间一长，小强就认为按照自己的想法行事是天经地义的，认为别人为自己做事是理所当然的。

治疗疾病的最好办法是对症下药，治疗学生心理疾病的最好办法当然也是从患病根源治起。小强之所以有唯我独尊的异常心理，病根就在他的家庭教育上。马老师决定和小强的父母好好沟通一下，让他们清楚小强在学校的良好表现和不良行为，并且能够配合自己，帮助小强调整好心理。

马老师说：“我们都知道小强是个学习成绩优异的好学生，但是在某些方面，他却做得不够好，甚至遭到其他同学的集体抵制。作为老师，我希望他能够得到全面发展。这样，他才能成长为一名身心健康的好孩子。可是，想让孩子丢掉坏毛病，不再唯我独尊，不能只靠我在学校的管理，还希望你们做父母的多多配合！”

“我们明白。其实我们也知道小强太自我了，可是如果我们不顺着他的意思走，他就大哭大闹、发脾气。你看，我们家就他一个孩子，怎么舍得让他受委屈呢？”小强的父母说。

“你们的心情，我理解，但是我们不能因为孩子的一时痛快而毁了他的一生啊！”

“对！马老师，您说得有道理。那您认为我们应该怎么做才好呢？”

“我们双方应该进行合作。先在教育目标上达成一致，即小强要想成才，就必须先学会做人。我在学校严格要求小强，你们在家里也不能放松，要利用一切可能的机会听小强倾诉，与他交心，站在小强的立场上尽量理解他、尊重他，同时不仅要肯定他的优点，更要指出存在的问题，并提出改正建议。”

“好的！马老师，我们一定积极参与改变小强的活动，配合您的工作。”

在学校里，马老师还专门设计了一套方案，分三个阶段对小强进行心理辅导。

第一阶段：思想上的调整

（1）马老师结合小强的行为以及事后其他同学的反应，与小强一起分析“唯我独尊”心理带来的不良后果，让小强懂得：人与人的交往应该是平等互利、互相协调的，而不能总想让别人按照自己的意愿办事，否则只会让人认为你刁蛮任性、不可理喻，不愿意与你交往。这样，即便表面上你占了上风，实际上却是给自己设置了障碍，阻碍了你与他人的正常交往，使大家对你敬而远之。

（2）鼓励小强多去帮助有困难的同学，然后写出自己真实的感受。马老师则把小强帮助其他同学的事，以及其他同学对他的评价记录在班级的好人好事簿上，并且不时地拿出来叫小强看看同学们对他评价的改变。

（3）马老师还经常引导小强读一些为人处世的书籍，并且与他交流读书心得，启发他自己总结出为人处世的原则。

第二阶段：思维上进行调整

（1）马老师用讲故事的形式告诉小强，任何事情都应该学会多角度思考。这样心情才能开朗顺畅，而不会因他人不按自己的意愿做事动不动就发脾气。

（2）马老师告诉小强要学会角色互换，站在对方的立场上思考问题，尤其在与同学交往中遇到麻烦、发生争执时。出现这种状况，首先要做的不是发泄心中的不满，而是先强迫自己冷静下来，想想如果自己是对方会怎么做、怎么想。这样对对方就会多一分理解和宽容，就会不知不觉地把自己的郁闷、不满压制下去，另寻妥善的解决方法。

（3）学会倾听。在集体活动中，马老师要求小强学会做忠诚的听众，允许别人发言。有不同意见，要和其他同学共同讨论，力求发挥集体的力量，而不能强迫他人遵从自己的意志。

第三阶段：综合巩固

（1）马老师教育小强要学会反思，力求在自觉的反思中不断剖析自我，从而能够自我约束、自我完善。马老师建议小强每天通过日记、作文、随笔，记录自己的所思所想，然后隔段时间拿出来进行小结。

（2）在批阅小强的周记时，马老师经常专门写上一些针对小强改写的名人名言、格言、警句等送给他，给予他激励与希望。比如，马老师曾经写过："比大海广阔的是天空，比天空更广阔的是小强的胸怀！""小强犯了错误并不可怕，但关键的是，小强要认识错误并及时改正错误。"

经过三个多月的心理辅导，小强逐步消除了"唯我独尊"的心理，不再盲目地以自我为中心，并能慢慢地融入同学，在班集体中重新找到了自己的位置。

二、案例解析

在哲学上，有一种"唯我论"，即认为世界的一切都是"我"的表象或者为"我"的意志所创造，除"我"之外，什么都不存在，具体表现在心理上就是通常所说的"唯我独尊"。

具有这种心理的学生多为独生子女。因为在家里，他们是中心，长辈处处夸奖他们，听从他们，唯他们是从。于是，他们就以为在这个世界上，自己是最优秀的，事事都比别人强，处处都应该占上风，时时都应该依从自己的意愿。

马老师认为，处于成长阶段的学生，有自我意识是正常的，但是万事都有个尺度。一旦超出尺度，出现恶性膨胀，性质就变了。学生聪明伶俐、学习成绩优异，得到老师的夸奖是应该的。他可以在学习上保持一定的自信，但是如果因此而妄自尊大，不理会他人的意见，处处端架子，就说明心理有问题了。这就是"唯我独尊"的心理。

通过查阅有关学生心理健康方面的书籍，马老师了解到学生之所以有"唯我独尊"的异常心理，多与家庭教育有关。正如一位教育心理学家说，学生产生"唯我独尊"的心理，不是进学校才有的，而是多与其在家庭中接受的教育有关。

在知悉小强的心理问题根源后，马老师首先想到的是与小强的父母沟通，与他们一起想办法消除小强的不良心理。同时，马老师认为，消除学生“唯我独尊”的心理，不是一蹴而就的，也不是靠强权就能解决的。所以，应该制定一套适合学生心理特点的辅导方案，温和地改变他们。

结合小强的问题，马老师设计了三个阶段的辅导方案，从思想、思维上调节小强的不良心理，并且为了使自己的辅导见成效，他不断地与小强谈心交流，让小强见到自己的进步，以达到持续巩固的目的。

“对于学生的心理问题，教师需要对症下药去治疗，而不能靠教师的权力强硬地解决。”马老师说。

对于独生子女常见的“唯我独尊”心理问题，教师不要企图通过强制手段把这些父母心中的“小皇帝”与“小公主”拉下马来，而应该铺好台阶，把他们温柔地扶下马来。

三、具体成因

“唯我独尊”心理是随着当代独生子女自我意识过度提升、恶性膨胀发展而来的，多与家庭教育密不可分。那么，在现实中导致学生过于自我、唯我独尊的诱因究竟有哪些呢？

1. 父母的万千宠爱

“含在嘴里怕化了，捧在手里怕摔了”，人称“小皇帝”“小公主”。这是人们对独生子女的生存现状的经典概括。父母对孩子百依百顺，要太阳不敢给月亮，要月亮不敢摘星星。再加之“自己的孩子全身都是宝”，家长总是有意无意地把眼睛盯在孩子的长处上，而忽略他们的缺点，甚至把他们的胡闹、耍赖、闹情绪当作可爱称赞。就这样，一些学生不自觉地就形成了一切以自我为中心的异常心理。

2. 家长的“畸形”教育方式

父母双方对待孩子的教育方式不一致，尤其是严、慈两极分化式的教育，更会让学生无所适从，心理发展畸形。比如，当孩子犯错后，父亲对他不是一顿谩骂，就是暴打；而母亲则“慈爱”地在一旁袒护；祖父母更是溺爱有加，疏于批评或不准批评，结果导致孩子性格畸形。

3. 父母只认成绩

有些家长唯成绩论，只要孩子学习成绩好，其他方面有缺点都无所谓。这种观念使他们对孩子的思想行为中的缺点、错误视而不见、听而不闻，放任自流。结果导致孩子学习成绩好，但思想道德、为人处世方面却不尽如人意，说话、做事从不考虑他人的感受，一切以自我为中心。

在家长这种观念的庇护下，患有“唯我独尊”心理问题的学生，在学校里，无法与同学和睦相处，只想“占便宜”不肯“吃亏”；从来不会为别人着想，甚至为达到个人目的不惜损害他人利益；与同学之间有矛盾、意见不同时，不懂得谦让、宽容，经常为了一点小事就争得面红耳赤；对集体活动、班级工作，或是漠不关心，或是强迫大家按照自己的意愿行事。

这种心理会使他们遭到排斥，会觉得集体越来越缺乏温暖，人与人之间越来越冷漠。长期下去，会给学生的身心健康带来如下危害。

（1）影响学生的心理健康。“唯我独尊”心理越强烈的学生，受到挫折、遭到排斥的可能性就越高。长此以往，他们的心理就会因集体的抵制而无所适从，或者变本加厉地产生报复情绪，从而失去了生存空间，最后导致只能把自己终日封闭在自我的小圈子里。

（2）影响学生的学业发展。学习是要互相交流、取长补短的。古人尚有“三人行必有我师”“三个臭皮匠，顶个诸葛亮”之说。可是，有“唯我独尊”心理倾向的学生“推崇”的是孤军奋战，堵塞视听，这样自然会在学习中钻牛角尖，甚至误入歧途。

（3）影响学生的人际关系。人是社会性的，不可能脱离社会单独存在。如果一味地唯我独尊、不听他人的意见，势必造成自身的孤立，产生强烈的孤独感。被这样的情绪驱动，学生自然难以拥有良好的人际关系，甚至还会破坏已有的人际关系。

可见，“唯我独尊”心理的危害非常大。所以，教师有必要帮助那些有这种心理的学生消除心理障碍，扶着他们走下“小皇帝”“小公主”的宝座。

四、教育策略

学生的“唯我独尊”心理虽然根源多在家庭教育上，需要众多家长多多反思自己的教育方式与理念，但是作为担负育人重任的教师，同样需要为消除学生这一不良心理尽自己的一份力量。

1. 让学生认清自我价值，摆正位置

自我价值是自然之我与社会之我的统一和集中的体现。这类学生在认识自我时存在两种偏差，一是自我扩张，一是自我萎缩。前者扩张到一定程度就是唯我独尊，而后者则是妄自菲薄。这两种自我认识都是不对的，都会危害自己的身心健康。在自我认识上，应该力求有自知之明，重视个人作用、个人努力，但同时强调合作。这样，自我价值能充分地体现和发挥。

在教育上，教师需要做到以下几点。

（*1*）注重自我教育。

处于成长期的学生，他们的独立性和自觉性迅速发展，并开始深入自己的内心世界。但是，另一方面，他们的这种自我认识还比较肤浅，不够清晰、全面。人如果不能认清自己，就好比身处茫茫大海里的船，不知自己在什么位置，不知将要驶向何方，这种危险不言自明。教师应该指导学生全面、科学、正确地认识自我、评价自我。

（*2*）加强自制教育。

自我约束、自我控制能力，是学生立足学校、社会的一种基本能力。没有自制力或者自制力较差的人，总是喜欢我行我素，会逐步形成自私自利、贪图安逸、追求物质享受的不良性格，容易在竞争中被伙伴抛弃、被社会淘汰。自制力较强的人，则往往能自我约束，即便见到别人取得成绩、取得成功，也不自卑、不嫉妒、不吹捧，而是坦然处之、宽容相待。在这方面，教师一定要加强教育，增强学生的自制力。

（*3*）开展合作教育。

虽然一再强调竞争对学生的重要意义，告诉他们竞争可以增强自身的能力，是个人、家庭、团体乃至国家和时代进步的动力。没有竞争，社会就难以发展。但是如果一味地强调竞争，而忽视合作，则易造成学生心胸狭窄，性格孤僻，猜疑、妒忌、仇视他人等，形成极端个人主义的思想，势必阻碍学生的健康成长。所以，教师要注意引导学生处理好竞争与合作的关系。

如果教师在这三个方面教育得当，学生就能正确衡量自身价值，知道把自己放在什么位置上，而不会妄自尊大、藐视他人。

2. 教学生学会关注他人，逐步淡化自我

教师要让学生树立“我为人人，人人为我”的思想，从关注他人开始，学习心理换位，处处别替人着想。这样，他们就能在无形中淡化自我，改变唯我独尊的不正常心理。

（1）开展亲情教育。

有些学生对父母的生日记不准确，但是却清楚地知道自己喜欢的明星的生日。还有些学生因父母没知识、没权势，或者没有能够满足自己所需的金钱而看不起他们。这都说明这些学生的亲情观念十分淡薄。只有尊敬、孝敬自己的父母，才能更好地去尊敬别人。如果对自己的亲人都缺乏感情，不愿关注，那么就更无从谈起社会责任感、关爱同学、热爱人民、热爱祖国了。

在日常心理辅导中，教师可以引导学生去注意、观察父母，了解父母的艰辛，感受父母抚养自己的不易，培养学生对父母和家庭的热爱之情。

（2）促进友情教育。

无论科技如何迅猛发展，社会如何进步，都不应该封闭自己。经验表明，有些学生具有心理缺陷、人格障碍或者行为异常，一部分在于他们没能正确认识他人、对待他人，没能正确处理好与他人的关系。在教育实践中，教师需要对学生大力进行友情教育。当学生认识到亲情、友情的重要意义与价值时，就不会总是把自己摆在第一位了，会尽量协调好自己与亲人、朋友的关系。在这种心理驱动下，“唯我独尊”的异常心理自然也就烟消云散了。

3. 播种责任意识的种子

马克思说，人的本质并不是单个所固有的抽象物，实际上，它是一切社会关系的总和。青少年学生应不断增强自我参与意识与责任意识，积极投入社会实践，把小我融入社会这个大我之中，并深切体会自己对社会应负的责任。教师有必要通过责任教育，让学生明白“有所为，有所不为”的道理。当学生明白了自己该做的与不该做的，自然会自我约束，宽容待人。

进入 21 世纪，不管社会需要学生具备什么能力，有一点是肯定的，那就是需要学生健康的心理、健全的人格。因此，教会学生认识自我，控制自我，调节自我，具有非常现实而长远的意义。

“人”写起来，虽然只是简单的一撇一捺，但是要让这个“人”顶天立地却很难。要想让“唯我独尊”的学生像“人”字那样顶天立地，教师必须先改变他们的不良心理，把他们从“小皇帝”“小公主”的宝座上扶下来，让他们走出自我的怪圈。让学生具有健康的心理，会使他们真正体会“海阔凭鱼跃，天高任鸟飞”的快乐。

针对自私自利问题要用爱与包容来感染学生

独生子女已在现代社会的家庭中占了绝大部分。这种家庭模式使不少学生养成了自私自利的心理。他们凡事都只想自己，不喜欢帮助他人，缺乏感恩之心和与他人分享、合作的意识。这将对学生的身心健康和道德走向产生极大的负面影响。这种不良的心理和行为表现，已经成为学生中普遍存在的道德缺陷。特别是成绩优秀、家境优越的学生，这种表现尤为突出。

面对将来，学生必须从现在起培养健康的心理，适应社会的需要，被社会接纳。面对学生日渐膨胀的自私欲，教师一定要及时加以引导，以消除他们这种不良心理，若放任自流，必将产生难以想象的严重后果。

一、经典案例

苏州市某中学的陈老师认为，学生之所以有自私自利的心理，是因为他们心中缺乏对他人的爱。对于这类学生，最重要的是创造一个良好的环境，用充满爱的氛围来感染他们，使其在爱的熏陶下，学会关爱他人。

小昌是陈老师班上有名的淘气包，而且非常自私，常因为一些小事，无中生有，制造事端。有一天值日打扫卫生，小昌打扫完自己那一排后把笤帚一扔就要跑出去。组长小宁上前告诉他值日还没完成，让他和大家一起打扫完再玩，他却把眼一瞪，说；“我只负责这一排，其他的地方我不管。”

“但你是小组中的一员，就必须要打扫完。”小宁也不示弱。

“我就不，你能怎么样？”

小宁上前去抓他，小昌挥拳相向，结果两人打了起来。

还有一次，一向生龙活虎的小昌生病住院了。陈老师打电话一问，才知道原来小昌是发烧住院了。休息了两天后，小昌又来上学了。

“小昌，病好啦？”陈老师关切地问道。

“是啊，好了。”小昌点头。

陈老师以为只是一般的感冒发烧，所以叮嘱了几句也就过去了。谁知一周之后，班上接二连三地有学生出现了水痘病例。这是怎么回事呢？别的班都没有出现水痘，这些学生也没有和水痘患者接触过，怎么都得了水痘呢？陈老师感到很疑惑，肯定是班上有人生了水痘没有隔离，才出现这么大规模的传染。细想一下，最近只有小昌发过烧，难道是他传染的？于是，陈老师把小昌找来问道：“小昌，告诉老师，你上次到底生了什么病？”

“感冒发烧。”

“真的是感冒发烧？你没有撒谎吗？”陈老师盯着小昌的眼睛询问。

“我……”看到老师怀疑的眼神，小昌心虚了，他低下了头。

“告诉老师到底是什么病？”

“我妈说不能说的。”

“是不是水痘？”

“我妈说已经好了。”

“到底是不是？”

“我妈说已经好了！”这时小昌有些急了。

“能让老师看一看吗？”他点了点头。一拉开衣服，后背上露出了许多疤痕，陈老师一惊，因为这确实是水痘疤痕。

“你为什么不告诉老师？”

“我妈说老师知道了会不让我上学的，会影响我学习。”小昌怯生生地说。

为了不影响自己的学习，却把病源传染给了大家。陈老师不由得感慨小昌的自私行为。

“你知道现在很多同学因为你而患上了水痘吗？”

“知道。”小昌轻轻地点了点头。

“那这是不是会影响他们的学习呢？”

小昌没吭声。

“水痘的传染性非常强。你只考虑自己的学习，却不考虑更多的人被传染后而影响学习。你知不知道这是很自私的行为？”陈老师引导着问。

“老师，我错了。”小昌低着头说。

看到小昌意识到了自己的错误，陈老师又联系他平常的一些自私行为，如打扫卫生的事情，告诉他要把眼光放远，心胸开阔，多为他人着想，处处以集体为重，不要太自私，让小昌认识到只有“我爱人人”，才会“人人爱我”。

之后，陈老师又与小昌的家长进行了一次长谈，让家长明白家长担负着抚养、教育子女的责任，言传身教影响着孩子的性格和品德。家长要给孩子提供模仿的榜样，必须提升自己，给子女以良好的熏陶和感染，以养成子女诚实、开朗、团结协作、亲切友好的优良品质。

为了增加小昌与其他同学、教师交流的机会，扩大他的交际面，让他增长见识、拓宽心胸，陈老师还组织多种多样的文娱、体育活动，来帮助小昌消除自私心理。例如，拔河比赛中小昌与同学并肩作战，主题班会上与大家自由畅谈，课外活动中与同学彼此交流，取长补短，共同进步。在这种健康向上的氛围中，小昌很快丰富了自己的精神世界。

经过家长、学校、教师的共同努力，小昌的心胸变得越来越开阔，不再像以前那样为一些小事斤斤计较、自私自利了。他结交了许多朋友，在彼此友好、谦和的交往中，小昌感受到了学习的乐趣，感受到了生活的美好，增强了审美情趣，陶冶了性情，净化了心灵，拥有了一个宽容、博爱的胸怀。

二、案例解析

学生是祖国的未来，教师对学生的培养也不仅仅是教给他们知识那么简单，还需要关注他们的心理健康。对于这些自私的学生，说教式的教育难以起到良好的效果，应该存有针对性教育的同时，给他们创造一个良好的氛围，让他们在集体生活中懂得“众人拾柴火焰高”的道理。

当发现小昌的自私行为后，陈老师有针对性地对他进行了说服教育，这样让小昌口服心服，认识到了自己的错误。由于小昌的自私行为完全受其家长影响，陈老师又与其父母进行了深入交谈，让他们改变家庭教育方式，为小昌营造一个关心他人、互帮互助的家庭氛围。最后，陈老师还在班里举行各种活动，让小昌学会与他人合作，使其明白并不是任何事都可以一个人完成，只有齐心协力、拥有合作意识才能把事情做得更好、更完美。

如今，像小昌这样有自私自利心理的学生有很多，特别是一些学习成绩较好的学生，“自私自利”心理在言行上表现得更为明显。例如，有一名数学特长生，在市级的多次数学竞赛中，都取得了不错的成绩，可在平时的数学学习中，他从不愿帮助别人。他的班主任老师了解到这一情况后，就找他谈心。在交谈时，这名学生向老师讲道：“他们都太笨了，那么简单的题目都不会做，教他们是白白浪费我的时间，我才不教他们呢。”听了他的话，这名老师当时并没有表态，而是在放学后交给他一张小纸条，上面有几个让他回答的问题。

（1）你平时参加数学培训班，轮到你值日是谁帮你做的？

（2）上次你考试时没带橡皮，是谁递给你的？

（3）你上次生病，是谁带着水果、笔记去看你的？

一连几天，这名学生都没来找老师，老师也没找他，但一段时间后，老师却收到了一张纸条，上面写道：“老师，你没批评我，可我知道我错了，我也知道今后该怎么做了。请你相信我，我会改的。”在这之后，这位老师经常可以看到一群同学围着他，听他讲数学题。

这名老师就是通过引导学生了解自己、认识自己，使他明白自己的优点是什么，同时认识到自己所取得的成绩，和周围人的关心、帮助是分不开的，让他学会感激。一个人学会了感激，自然也就愿意帮助他人了。

“金无足赤，人无完人”，更何况是成长中的学生。当老师发现学生有自私自利的行为时，应该对学生采取宽容和谅解的态度。一切以学生发展为本，平等对待并严格要求每一位学生，让他们了解做人的基本准则，塑造健全的人格。

三、具体成因

1. 自我意识的发展

儿童心理学研究表明，在幼儿自我意识形成和发展的最初阶段，他们的心理活动都单纯地围绕自我出发。到了两三岁以后，随着幼儿社会活动范围的扩大和交往经验的积累，幼儿才逐渐在主观上产生你我的区别，并能逐步从客观的角度看待自己。所以，在幼儿心理发展的早期阶段，如果缺乏正确的教育和引导，就很容易形成自私的行为。

2. 独生子女的特殊性

现在的学生大多数是独生子女，家庭中长辈的呵护使他们的自我意识增强。他们吃好的，穿好的，玩高档玩具，家中一切都要以他的情绪变化和要求为中心，如果达不到要求就耍脾气。家长一见家中的“小皇帝”发脾气了，不管要求合理不合理，一概予以满足。而这也正是滋长儿童自私观念的温床。就这样，孩子常以家庭的“中心人物”自居，久而久之，便形成了自私的性格。

3. 周围环境的不良影响

学生自私心理的产生，与周围人们的不良影响也有很大关系。例如，有的父母或家庭成员自私自利，爱贪图小便宜，或与人共事斤斤计较，过于“小气”；有的父母或家庭成员常常叮嘱孩子自己的东西不给别人吃，玩具不许别人玩等；还有的父母对孩子的自私行为不以为然，反以为乐事，认为孩了“从小护东西，长大不吃亏”；社会上一些人“私”字当头、处处贪小便宜等。这一切都在无形中向学生灌输自私的观念，长期的耳濡目染也会使他们产生自私的心理。

4. 家长的让步

家长让步也是学生产生利己主义的一个根源。例如，爷爷要睡觉，孙子要看电视，只能爷爷让步；女儿要吃冰淇淋，不管路多远，爸爸也得去买；儿子要妈妈在家，一哭闹，妈妈便一天不去上班了……家长的这种让步也很容易滋生学生的自私心理。

5. 学校过于看重成绩

在德育和智育面前，一些老师往往更重视分数，只要成绩考得好，就是好学生，就能得到各种表扬。于是，老师的溺爱滋长了他们的“骄、娇”二气，造就了他们自私的心理，使他们认为自己是完美无缺的。这样，他们不但不能主动发现自己身上存在的缺点，更谈不上能主动地加以调整和改进。

这些自私自利的孩子常常被“爱的海洋”所吞没，只要是自己要求的，不论别人是否愿意，是否可能，都应当得到满足。这种观念又不断地转变为现实，就逐渐造就了他们只有别人服从自己，而自己从不服从别人，心目中只有自我而无他人的自私自利的心理、行为、习惯和性格。

自私自利是学生人格中不成熟、不健全的表现。这一类型的学生过分关心自己，只注意自己的欢乐和幸福，很少考虑他人的感受，一切以满足自己的需要为前提。据一些调查显示，当今社会多数学生都或多或少地存在着自私心理。一般来说，这些学生常常有以下几种不健康的行为表现。

1. 性格孤僻、冲动，易产生逆反心理

自私的学生往往一遇到违背自己意愿的事就发脾气或破坏性地扔东西，一旦产生差异情绪就无法抑制，直到不计后果地发泄完毕。他们只能享受成功带来的喜悦，却没有勇气承受失败带来的打击。

2. 感情麻木，缺少群体适应力和竞争力

自私的学生往往被动地接受家长和老师的调控，没有主动与别人求得沟通的要求。思维在自己想象的范围内驰骋，即使是对直系亲属也缺乏热情。在集体生活中无所适从，竞争力差，缺乏生存本领。

3. 做事偏激，容易走极端

自私使学生做事时缺乏周密的考虑，一旦造成不良结果又后悔不迭，进而产生消极对抗的情绪。

4. 不能正确面对失败、挫折、压力

自私的学生往往是言语上的巨人，行动中的侏儒。他们在心理或思想上的反应是迅速的，看到别人能做到的，他们会很不服气，但是操作上却往往弄巧成拙；他们往往很爱面子，容易产生逆反心理，常用消极的方式来发泄自己的情绪，重复犯同样一种错误；遇到老师批评后不敢反驳，但会将怒气发泄到比自己弱小的同学身上，或悄悄地损坏公物；在学习上遭受挫折后会产生自暴自弃的心理，具体表现为迟到、早退、旷课、不完成作业；容易走极端，经不起意外的挫折和打击，易产生离家出走、轻生、自残等念头。

四、教育策略

为了学生有一个健全的人格，教师应该积极研究对策，调整这些自私自利学生的不良心理，把他们从自私自利中解救出来。

1. 以身作则，树立无私榜样

孔子说：“其身正，不令而行；其身不正，虽令不从。”教师的一言一行，一举一动，都在影响着学生。在这个物欲私利极度膨胀的时代，作为教育者，必须使自己在人格上正直起来，才有资格去教育学生。也只有这样，学生才能信任教师。作为教师，一定要严格要求自己，不断加强自己的道德修养，认真地履行自己的职责，做一个无私的人，用教师的无私感动和影响学生，成为学生学习的榜样。

2. 对学生进行爱心教育

一个拥有爱心的人，往往更容易与周围的人和睦相处，并凭借爱心培养出其他优秀的品质。爱心是一切美德的基础，爱心是与谦虚、礼貌、热忱、豁达、宽容等优秀品质结伴而存在的。对自私的学生，可以开展切合学生实际的、丰富多彩的活动，如故事会、演讲比赛、参观敬老院、为父母洗脚等活动对学生进行教育。让学生在活动中，潜移默化地接受关爱他人、帮助同学、孝敬父母等观念。只有学生学会了爱父母、爱他人之后，才能去爱集体、爱祖国、爱人民。

3. 引导学生积极热情地对待、帮助他人

在平时，教师要注意和学生进行情感联络；在交流的过程中，潜移默化地对学生进行渗透，让学生懂得做人要热情地关注、帮助他人。

4. 对优秀生要处理好“严”与“爱”的关系

优秀生一直是教师的宠儿。部分教师对他们的表扬、批评缺乏辩证。即使这些优秀生有了缺点也怕公开批评会影响他们的自尊，因而往往采取大事化小、小事化了的态度，即使批评也是轻描淡写。教师的这种态度，很容易让优秀生自我膨胀，产生过强的自我优越感，觉得自己了不起，做错事也不要紧，进而看不起任何人。而轻视别人历来是自私滋长的沃土。

教师对优秀学生的管理教育，既要爱护其学习、上进的积极性，又要从有利于健康成长出发，对他们严格要求，加强管理教育，做到严得合理，爱得真诚。

5. 加强合作意识的培养

新课程改革要求学生“学会合作”，而合作恰好是治疗自私的灵丹妙药。教师可以在课堂教学中为学生创造合作学习的机会，也可以在课外时间开展多种多样的活动来创造合作学习的机会，还可以在班级日常活动中为学生提供合作的机会。合作能很好地克服学生自私的缺点，能极大地发挥个体潜能和群体合力，能让学生认识到自己的优缺点，并通过自我调控，保持健康的心理状态。

6. 多与大方学生交往

大人有大人的世界，孩子有孩子的世界。与其说大人的榜样很重要，那么同龄人的模仿就会更加实在。学生下意识地会向同龄人学习，因此教师要让自私的学生多与大方的学生交往，让同龄人给他影响。特别是一些自私的优秀生，要让他们与后进生互帮互助，让优秀生不断向后进生传播知识，同时让后进生教优秀生如何奉献、无私。同学之间很容易增进了解，相互学习，相互促进，取长补短，共同提高。这样会让优秀生了解到其实后进生在某些方面比自己强，自己也应该向后进生学习，进而不再轻视后进生，愿意帮助他们，自私心理也就在不知不觉中消除了。

7. 加强家庭教育的针对性

纠正学生的“自私行为”，除了学校教育的正确引导外，家庭教育也非常重要。家庭是人生的“第一课堂”，父母是孩子的“第一任教师”，家长的一言一行都会对孩子产生极大的影响。教师要帮助学生家长纠正错误的教育观念，让他们为学生的将来着想，有针对性地给学生施加正面影响。

在日常生活中，家长要作表率，以身作则，多给孩子正面的影响。要教育孩子明确学习目的，端正学习态度，不要经常用物质奖励来激励孩子，考好了就奖多少钱等方法不可取。家长要让孩子知道，帮父母干力所能及的家务劳动是应该的，不能用报酬来做等价交换。家长平时在为孩子讲故事的时候，还可以用一些著名的、浅显易懂的典故来教育孩子。如“孔融三岁能让梨”“香九龄，能温席”等故事来感化、教育孩子，使孩子渐渐学会关心他人、关心父母。让孩子从小拥有一颗博大的爱心，这样才可能远离自私，拥有健康的人生。

作为教师应该高度重视学生自私这一现象，通过自身人格的健全和修正策略的得当，并努力寻求家长的配合，多方位给学生创造一个良好的博爱氛围，以此来感染他们，影响他们，帮助他们消除自私心理，学会关爱周围的人，从而形成良好健康的心理素质，做一个对社会充满奉献精神的时代新人！

针对没有责任感问题要
让学生对自己的行为负责

所谓责任感，是指个人对自己和他人、对家庭和集体、对国家和社会所负责任的认识、情感和信念，以及与之相应的遵守规范、承担责任、履行义务的自觉态度而产生的情绪体验。

现在的学生大多是独生子女，被家长宠惯了，自立意识和生活自理能力都很差，依赖性很强。他们的行为表现出漠视规则、我行我素的倾向：不考虑他人感受，不顾及造成的消极影响，或逃避规则的约束，或故意破坏规则。目前，这种现象有增多的趋势。这一现象背后，排除规则是否合理和青春期逆反心理这两个因素，另一个因素是缺少诚信——自身的行为表现与对规则的认可不一致，视为不诚信；从另一个角度讲，可以说是不对自己应承担的责任负责，也就是说缺少责任感。

一、经典案例

当今学生都是温室里的花朵，被娇惯坏了，严重缺乏责任感。而对于这样的学生，看看四川成都市某中学的赖老师是如何做的。

一天早上，赖老师像往常一样来到学校后就直接进教室与学生打个照面，一方面招呼学生打扫卫生、交家庭作业，另一方面督促学生尽快静下心来早读。可走到讲台边，赖老师却发现靠北墙的第四组前面地上有很多积水。大晴的天，哪儿来的水呢？赖老师疑惑地想，肯定事出有因。于是，她来到第一张桌子的学生跟前仔细询问，才知道是班里几个调皮的男生在一起胡闹时把水桶弄翻了，而且他们谁都不肯主动打扫“现场”，认为责任在对方。

这帮调皮学生，太没有责任心了！赖老师虽然有些生气，却并没有发作，而是眉头一皱，计上心来。

“小虎，你过来，我们两个人现在合作，我拖地，你绞拖把，把地面弄干，你做错了事就该负责！”赖老师把班里最没有责任感的男生，也是这次“事件”的主要“肇事者”小虎喊过来，用严肃的口吻命令道。

说完，老师拿过拖把一言不发地低头干了起来。理亏的小虎见老师亲自拖地，便急忙跑上前绞拖把。不一会儿，地面就被收拾干净了。

但事情并没有就此结束，赖老师趁机对小虎，也是对全班学生“借题发挥”了起来：“小虎，你今天的行为是不负责任的表现，知道吗？明明是你踢翻了水桶，不管起因是什么，你都应该责无旁贷地把它收拾好，但你却视而不见；再来说说你的学习，你明明非常聪明，语文听力比赛获一等奖，作文也能在校刊发表，却不愿按时完成作业，这不是不负责任是什么？”

听了老师的话，学生们都面面相觑，心里都开始审视自己平时不负责任的行为。接着，赖老师又把小虎叫了起来：“请你说说，你听懂了什么？”此时，小虎已满脸通红，但他仍站了起来，回答道：“做事要有责任心。”

“很好，老师知道你是个聪明的学生。这样吧，你今天放学回家后把今天发生的事如实详尽地写出来，而且一定要认真剖析一下自己的内心，写出真情实感来，然后明天交给我，好吗？”赖老师趁热打铁给小虎布置了作业。

第二天，小虎——这个一向不按时交作业的学生，准时把作业交到了赖老师的手上，而且剖析得非常到位。

之后，为了培养全班学生的责任感，赖老师不时地举办一些有关责任方面的主题活动，不但改善了班风，更重要的是增强了学生的责任心。

二、案例解析

现在的学生，大胆、活泼、求知欲望强，但由于生长在改革开放、物质富裕的今天，他们严重缺少责任感，具体表现在：做事欠投入，无论大事小事、公事私事都不太认真，或有头无尾或虎头蛇尾；有些学生虽兴趣广泛，但干什么都不专心，只有三分钟热情；有些学生对集体活动尤其是公益性活动不热心，出人不出力，相互推诿……

案例中的小虎就是这样一名学生。他聪明活泼，但却经常不按时交作业，打扫卫生更是马马虎虎，遇到事情就推脱，明明是自己调皮捣蛋把水桶弄翻了，却毫不理会，很明显是一种缺乏责任心的表现。

面对这种情况，赖老师没有选择严厉呵斥，而是亲自动手打扫。当然，责任是谁的就是谁的，赖老师并没有让“肇事”学生“逍遥法外”，而是让小虎和自己一起动手拖地。老师都亲自做了，小虎自然不敢再推诿，所以弄湿的地面很快就被擦干净了。

事情是不是就到此为止了呢？没有。这是一个很好的教育契机，赖老师趁机将“不负责任”的面扩大，如不按时交作业，不好好学习等，这都是一个学生不负责任的表现。虽然表面看来赖老师是在教育小虎，但却是面对全体学生说的，因此全班同学都上了一堂“责任缺失”的教育课。

但仅仅一次教育是不够的，因为责任心缺失是现在很多学生都存在的问题，不管是后进生，还是优秀生，都普遍缺乏责任心。有些成绩优秀的学生问题尤为明显，他们只顾读书，只要成绩、分数，其他什么都不愿参加，集体观念较为淡薄，极个别学生甚至有极严重的自私心理。而这些对他们以后的成长是不利的，这种学生也不是这个社会所需要的。所以，教师应对这些学生进行正确的、健康的心理疏导，培养他们的社会责任感、使命感。这是教育工作者不可推卸的责任。

三、具体成因

过去的应试教育使人们的观念变得越来越急功近利、心态浮躁，只要走近学生，就不难发现他们的责任意识普遍很低。他们过分依赖家长，依赖老师，以致自己逐渐失去独立生活、独立解决各类难题的能力。那么，是什么原因造成这种现象的呢？

1. 诚信意识的缺失

社会在进步，时代在发展，但市场经济带来的负面影响，使一些中小学生产生了对诚信意识的背离，撒谎、违纪等现象在部分学生中相当普遍。一些学生不愿意刻苦学习，却又想表现自己，于是用弄虚作假的手段骗取分数。一些学生学习意识淡薄，学习目的不明确，平时逃学不上课，不完成作业，考试作弊。不守诚信这一社会公害，严重影响着中小学生的健康成长。

2. 利己思想、自我意识浓重

有些学生信奉“人不为己，天诛地灭”的信条，干什么事只想着自己，做事随意，想做什么就做什么，毫不理会别人的感受。为了达到个人目的，有些学生甚至不择手段；为了一点小事，他们就会打架、闹事、舞刀弄棒；遇到不顺心的事，他们就会离家出走到处游荡；与他人相处总是斤斤计较，对别人对集体漠不关心；认为服务他人、帮助他人、无私奉献都是傻瓜。他们片面强调个人利益，责任感和义务意识普遍缺失。

3. 自我责任弱化

现在有些学生学习的自觉性、自主性、主动性不够，厌学现象明显。一些学生甚至将破坏公物视为儿戏，痴迷于网络游戏，游荡于虚拟的空幻世界之中，将自己有限而又宝贵的青春时光付之于虚无缥缈的虚幻世界。

4. 价值观模糊，辨别是非、美丑的能力低

随着社会大环境的变化，中小学生群体的价值观念也处在变化之中，趋向多元化。他们盲目崇拜歌星、影星、大款、大亨，盲目崇拜身边或生活中有钱的人。不论那些钱是用什么手段得来的，他们认为只要有钱就是“老大”、是“英雄”，并在日常行为中加以模仿。一些学生也知道作为学生不能吸烟，酗酒有害身心健康；知道中学生不能染发，不能佩戴首饰；知道电子游戏、不健康的音像制品会影响毒害自己，但他们抵抗诱惑的能力太差，为了追求时髦、表现自己、彰显个性，只顾玩乐，不计后果。

5. 家庭教育的不良影响

由于一些父母对子女过分宠爱娇惯，过多的照顾、满足与迁就、保护，使独生子女在家庭处于特殊地位。这种环境中培养出来的孩子有很多弱点，由于物质需求的极大满足，缺乏对艰辛的切身体验，体会不到父母劳动的艰辛和幸福的来之不易，缺乏责任感和义务感。

与过分溺爱相反的另一个极端是有些家长对子女放任自流，在教育方法上简单粗暴，动不动就是打骂训斥，其结果是严重损伤了孩子的自尊心、自信心，使子女可能产生怨恨父母，甚至违反社会公德的过激行为。还有的父母或草率离异或感情不和，不仅对孩子的生活造成不便还带来极大的心理创伤，使孩子对自己的父母缺乏最起码的信任。

种种家庭不利原因，给学生带来了各种严重而复杂的心理冲突和精神危机，从而使他们丧失了应有的责任心。

6. 学校教育的缺失

学校是青少年成长和生活的主要环境，教育不当是学生缺乏责任感的重要因素之一。在素质教育和创新教育发展的今天，迫于升学考试的压力，有的教师片面追求升学率而不注重学生品德教育，偏爱尖子生，轻视甚至放弃后进生，对学生出现的过失小题大做、态度粗暴，甚至体罚。这就容易使学生产生一种对立情绪，最终讨厌学习、放弃学习。有的教师在教学工作中无责任感，对教学任务应付了事。这种不负责任的态度也会影响学生。

不少学校由于教育经费投入不足，严重影响了学校硬件设施的建设，与学生入学人数不成比例。无论是小学、初中还是高中，多数班级都在五十人以上，有的甚至达到八十余人，使得教师的教育教学工作超负荷运转，学生的思想教育工作做得不够深入、细致，只能是头痛医头、脚痛医脚。

7. 社会环境的不良影响

学生置身于社会生活中，社会现象形形色色，纷繁复杂，主流虽然是真善美，但也存在假恶丑的个别现象。特别是在当今社会，许多社会规划还没有建立和完善，各种不良的社会现象仍然存在。各种社会不良现象使学生产生对人、对社会的不信任甚至失望，使学生的世界观发生严重错位。

虽然网络的出现对于学生的学习和生活产生了深远的影响，但是许多网吧为了招揽生意,利用含有赌博、恐怖等内容的电脑游戏来吸引学生。学生一旦沉迷于网吧，进入这个虚拟的世界就变得一发不可收拾，荒废学业，甚至违法犯罪，从而放弃了对人生理想的追求。

呼唤学生的责任心，培养学生的责任感，是当前教师刻不容缓的重要任务。每个教育工作者，不仅应教给学生文化知识，更重要的是教会他们做人的道理。必须从点点滴滴的小事抓起，使学生逐渐做到对自己负责，对家庭负责，对班级负责，最终成为对国家、对民族有强烈责任感的有用人才。

四、教育策略

责任心是现代学生必备的素质。那么，教师该如何调整学生责任感缺失的心理，培养和增强他们的责任意识呢？

1. 尊重学生，热爱学生

过去，教师在师生关系中都处于一种绝对权威的地位，学生如有不良表现，一些教师便动用各种惩罚手段来“教导”他们，“驯服”他们。久而久之，学生便形成一种为教师而学习的意识，根本谈不上为自己负责任。所以，为了培养学生的责任心，教师应树立起新型的教育观。

尊重学生也就是信任学生，相信他们的力量，让他们根据自己的兴趣和能力自由地进行选择和思考，积极发挥他们的主观能动性，使学生能在教师的尊重和信任中培养自己的自信心，增强自己的责任感。

教师只有热爱学生，关心学生，与学生进行推心置腹、亲密无间的交流，才能触动学生的心灵，使学生的情感得到升华。教师应指导学生树立正确的人生目标和责任感，用高尚的价值观作为行动的道德准则，增强他们明辨是非、抵御各种不良社会风气侵蚀的能力。

2. 分清角色，提高责任认知

一个人只有认清自己所扮演的角色，才能明白自己应当承担什么责任，履行什么义务，才能提高选择行为方式的能力，学会识别什么是负责任和不负责任。教师在培养学生责任感时，应要求学生清楚自己是谁，即自己扮演的是什么样的一种角色。

对家庭而言，自己是父母的孩子，是家庭的一员。在家要做到孝敬父母、关心体贴父母，尊敬长辈；自己的事情自己做，主动承担力所能及的家务活，不让父母操心；父母伤病时要尽力照顾……在学校里，自己是一名学生，学生的主要任务是学习，要尊敬师长、团结同学、热爱集体，积极参加集体活动，珍惜集体荣誉；对自己承担的任务要尽心尽力、认真负责地完成，出现问题要勇于承担，不要推诿。对社会而言，自己是一名小公民，要遵守社会公德，遵守公共秩序，注意公共安全，爱护公共财物，保护环境，遵纪守法，积极参加社区组织的活动等。

在学生理解自己角色的基础上，教师可以利用主题班（队）会创设情境，让学生在活动中扮演不同的角色，使角色责任不断在他们心中得到强化。

3. 以身作则，言传身教

“学高为师，身正为范。”率先垂范是师德的最高境界，教师的以身作则应表现在对自己言行的高标准、严要求上。要培养学生的责任感，首先自己就要做一个有责任感的人，对工作和学生认真负责。教师的一言一行、点点滴滴都要渗透在教育过程的每一个环节上，应以典范的作用激励和促进学生的成长，让学生受到影响，从而达到垂范的目的。

4. 积极同家长联系，共同培养学生的责任感

家庭是学生生活和成长的摇篮，父母和教师一样，担负着教育孩子的重任。教师应积极同家长建立各种联系，联合家长共同培养学生的责任感。要尽量让家长学习和了解有关教育的科学知识，使他们意识到自己应该在遵循孩子身心发展特点、规律的基础上对其施教，把对孩子的严格要求与关爱协调统一起来。

教师应该请家长帮忙，让他们敦促孩子在家里多做一些力所能及的事情。例如，让学生在家自己叠被子、洗衣服、打扫房间等，使他们力争干好自己的事。让学生和家长多进行情感上的沟通和交流，增强学生在家里“主人翁”的意识，提高独立自主的能力，体会父母工作的艰辛，增进他们对父母的理解和对家庭的责任感。

5. 开展各种有益的活动

教育活动和人际交往是学生责任感发展的基础，只有在各种活动中让学生亲自去实践和体会，才能引起他们心灵上的回应，从而培养他们的责任感。

教师可以举行各种主题班会，积极发挥少先队、共青团的积极作用，在班级内部、班级与班级之间开展各种形式多样的活动，加强学生之间的联系，增进学生对他人、集体的理解和情感，使学生认识到自己不是独立存在的，是和他人、集体联系在一起、休戚相关的。学生在这些活动中会增强其对集体的责任感。

教师也可以在社会实践活动中培养学生的责任感，如可以安排学生去社区捡拾废弃的塑料袋、易拉罐等，加强学生对保护自然环境的责任感。在加强他们自立、自主、自强能力的同时，增加他们对我国国情和民情的认识和了解。而我国优秀的文化传统和良好的社会公德，又会激发他们对社会的自豪感，激励他们不断努力，以达到社会的要求。这些都有利于他们社会责任感的培养。

责任感是做人成才的基础。教师有责任也很有必要将责任感的培养渗透在教育教学中，教会学生对自己负责、对他人负责、对集体负责、对社会负责，从而使学生确立强烈的主人翁意识和高度的责任感。

针对说谎问题要正面引导，切勿简单粗暴对待

独生子女的教育问题，一直困扰着家庭、学校、社会。因为他们身上有一些不良习气，也容易沾染不良习气，爱说谎就是其中一个方面。而且，他们不仅说谎骗家长，也骗老师和同学；不仅影响了学习，也逐渐失去了个人威信。对于这样的学生，班主任应该帮助他们重树诚信，

找回自我。

一、经典案例

作业批改完了，却发现少了小军的作业，我决定下午找他让他补交。可下午又是一堆烦琐的事务，忙忙碌碌中，我就把这件事忘了。

第二次批改作业，发现又少了小军的作业。我马上让学生把小军叫到办公室，问他为什么不交作业。他很委屈地对我说：“老师，我做完了，早上来上学时走得太匆忙，忘了带了！”看着他无邪的眼睛，我完全相信了他说的话，提醒他第二天记得带来。第二天，他还是没带来。接下来的作业，隔三岔五地他就会拖欠，一问他不是缄口不言，就是保证“明天带来”。我向家长反映了孩子拖欠作业的情况。家长总是说自己太忙，早出晚归的，没时间检查孩子的作业，以后会监督孩子按时完成作业的。这么折腾了几次，我都不知该怎样向家长说了。

一天傍晚，我从办公室出来，已经快六点半了，经过操场时看见小军和几个孩子在打乒乓球。我问他：“这么晚还不回家，和父母说好了吗？”他很爽快地说：“已经告诉爸爸了。”我也就放心地离开了。刚进家门口，小军爸爸的电话也到了，他问：“是不是放学很久了？孩子到现在还没到家。”我把刚才操场的情形告诉了他，也顺势提醒他注意孩子的行为习惯，因为孩子现在经常说谎骗大人。第二天晨会时间，我在班里不点名地批评了小军，也借此事教育全班学生做个诚实、不说谎的孩子。我发现小军和其他孩子一样，懂事地不断点头。

没过几天，卫生委员告诉我，每次轮到小军值日时，他总是找借口逃避值日。有时说“爸爸要带我去看病”，有时说“下楼拿点东西就上来”，有时干脆就直接跑了。我找来小军，让他和卫生委员当面对质，他不得不承认了。

让我哭笑不得的是，小军竟然还利用“愚人节”来戏弄同学。那天我走进教室，发现一男学生不在教室，我问其他学生他去哪了，孩子们都摇摇头。正当我准备打电话和家长联系时，那个男孩怒气冲冲地跑进来，对我说道：“老师，小军骗我，说奶奶给我送蛋糕来了，叫我到楼下等奶奶。我等了老半天都没等到，后来打电话回家，奶奶说根本没这回事。”我立刻转头问小军是怎么回事，小军嬉皮笑脸地说：“老师，怎么连您也忘了，今天是愚人节啊！开开玩笑有什么了不起的。”

学校组织春游，参加的学生收25元。小军拿了50元来，我找钱给他后，嘱咐他要收好，别弄丢了。晚上，小军的爸爸打来电话，询问春游交费的标准。我说是“25元”。他说：“小军说交50元。难怪今天碰到别的家长都说交25元，所以才打电话证实。”于是，小军的爸爸又问了几次正常的收费，这才发现孩子每次都谎报数字，多拿了家长的钱。当时我也自责太大意，没有及时和家长沟通这方面的信息，使得小军一次又一次地钻空子。小军的爸爸也意识到，该管教小军了。

第二天，小军的父母来到学校，我们进行了一次谈话。我这才知道，小军父母因为忙于工作，对孩子也抱着一种“让其自由发展”的想法，认为孩子还小，不必对他约束、管教太多，避免限制了孩子的个性发展。所以，他们基本上没时间、也不注重监督孩子的学习和表现。晚上等父母忙完回来，小军早睡了。小军也已经习惯于一个人在家，他就可以无所顾忌地看电视、玩电脑，根本不关心自己的作业。到了学校，他当然得编谎话骗老师了。渐渐的，小军发现其实大人很好骗，只要对不同的大人说不同的谎话即可，因为大人不会去验证他说的究竟是不是实话。看来，再不能让他钻大人的空子了。于是，我们三人一起约定好，以后每天的作业我都以短信的方式发给家长，让家长跟踪检查。孩子都完成后，还要督促他自己收拾学习用品，不要总是丢三落四。小军在校、在家的表现，我们双方都要及时反馈，以这种“真空”状态让其不能“自圆其说”。

恰逢学校大力推行“诚信工程”、经典诵读活动。我要求学生熟读成诵《弟子规》，自己设计“诚信储蓄卡”，并开展“我是诚信小公民”的评比活动。小军是个聪明的孩子，记忆力特别强，经典诵读自然是他的强项。我鼓励他把“谨”“信”部分先背熟，后让他上台领读、领背；还和他一起设计“诚信储蓄卡”，让他把每周自己说的谎话、拖欠的作业逐条登记在“储蓄卡”上，然后进行对比、反思。我也及时在他的“储蓄卡”上评价、鼓励他（当然这一切都事先和他的父母沟通好，以得到他们的密切配合）。经过一段时间的记录、对比，小军也逐渐意识到自己说谎的次数正在一次一次减少，拖欠作业的现象也基本上没有了。

活动开展一个月后，又到了例行的经典诵读时间。在小军声情并茂地领背“谨”“信”部分后，我没有让他走回座位，而是当着全班学生的面，对他说：“小军，你觉得这段时间以来，自己有什么变化？”小军的脸红了。过了一会儿，他说道：“老师，我现在明白您为什么让我领读《弟子规》，也明白怎样做一个讲诚信的人了！以前我总爱说谎，以后我发誓再也不说谎了！”我带头为小军鼓掌，教室里响起了热烈持久的掌声。

在那张“我是诚信小公民”的光荣榜上，一个个孩子自己书写的名字整齐地排列着，名字旁就是他们可爱的相片，那其中就有小军的。

二、案例解析

这个故事反映的是爱说谎的问题。爱说谎的孩子常常在有意无意中，以各种听起来堂而皇之的借口、理由欺骗别人，由此达到自己不作为或自娱自乐的目的。在他们看来，说谎只是开开玩笑，或自己原本并不愿意这样，而是因为有充分的理由才会这么说。这些爱说谎的孩子，还没有意识到自己的言行不仅影响了班级的正常秩序，而且还会伤害到别人。要让孩了知道诚实是立人之本，要让孩子认识到说谎是可耻的行为，说谎会破坏他的个人形象，会失掉朋友，成为不受欢迎、不受尊重的人。

三、具体成因

1. 家庭环境的影响

一个过度宽松的家庭环境不利于培养孩子的自我约束力。小军的家长表面上看起来给孩子提供了一个十分宽松的成长空间，但实际上这种没有原则的成长空间，恰恰不利于小军的健康成长。小军没有了自我约束和家长监督，不仅疏于自己的学业，而且精力都转移到电视和网络上。学业不能按时完成，他自然就得说谎欺骗家长和老师。

2. 网络的不良影响

关于网络对孩子产生不良影响这一社会现象，一直是众人关注的焦点。小军同样是受害者，虽然这种受害有其偶然性。小军是未成年人，他的判断力和自控力都还处于形成、发展的过程中，而孩子的好奇心又重，他们对网上的新鲜事物充满好奇，容易被网上内容吸引。小军也因此贪玩而爱说谎。

3. 家校沟通的断裂

小军所在的家校教育的链条出现了断裂，这就给小军以可乘之机。当小军不断尝到这种“甜头”后，他的胆子也就越来越大了。如果当初家校之间就十分重视这个问题，而不是以“孩子还小”为由来放纵他，或许小军就不会越陷越深。

四、教育策略

1. 严肃对待，不可大意

爱说谎的孩子，本来就心存侥幸。因此，班主任应严肃对待，切不可大意。一经明确了孩子爱说谎的行为，就要对其指出，并通过严谨、细致的工作使其认识自身存在爱说谎的不良习惯，更重要的是让其认识到这种不良习惯的严重危害。

2. 家校密切配合，形成教育合力

爱说谎的孩子往往是在钻大人的空子。因此，班主任必须提高家长对这个问题的认识，并主动寻求家长的密切配合。当家长和班主任的意愿都是为了孩子时，这种配合也就有了基础。而且，作为孩子的老师，应该对学生负责，同时要认识到，和家长沟通的工作也是一种讲究艺术的工作，需要付出真诚与耐心。如果在其中遇到挫折，或是家长误会了、曲解了，也不应该轻易放弃。因为，“问题学生”的转化工作，很多时候必须要得到家长的配合。

3. 开展有意义的体验活动

少年儿童需要在亲身体验中，逐渐认识自我、教育自我。学校和班级开展的经典诵读、“诚信工程”活动，都能让小军在亲身体验中逐渐懂得什么是诚信，为什么要讲诚信，由此认识到自身说谎的危害。有了这种认识，小军就能自觉地讲实话、做实事。这种体验方式要比空洞地说教有效得多，而且起到了“润物细无声”的教育作用。

面对孩子的说谎问题，应该在以下这两个方面引起重视。

第一，要指导家庭教育。有些家长会认为，既然孩子已经送到学校，就应该由学校和老师全权负责孩子的成长问题；还有些家长认为，“小树长大自然直”，孩子长大了自然就会懂事、进步的。这些错误认识给学校教育带来了许多不利因素。班主任在提高自身班级管理能力的同时，要提高和家长沟通的能力，从而减少因错误的家庭教育给孩子造成的影响。故事中小军所处的那种无原则的宽松环境，就是一种不利于孩子健康成长的空间。

第二，以体验代替说教。小军这类孩子，光和他说道理是没用的，因为他善于狡辩。而善辩的孩子，也是表现欲较强的孩子。因此，通过开展有意义的体验活动，使他不仅满足了表现欲，更重要的是，还使其从体验中学会自我教育，学会自我转化。

针对敌对情绪问题要肯定优势，加强挫折教育是关键

在人的心理活动过程中，情绪是最为敏感，最为活跃的心理因素。积极的情绪使人精神愉悦，人际关系融洽，学习、工作都能保持较高的效率；消极的情绪常常使人表现出紧张、抑郁、沮丧、暴躁不安，影响人的工作、学习和生活，导致人际关系紧张。

敌对情绪是消极情绪的极端表现，它是指个体在由于挫折而引起强烈不满时表现出来的一种敌视对抗态度。中学生及小学高年级的学生正处于青春期，情感丰富而不稳定，心理承受能力低，很容易因为一点小事就对他人产生敌对情绪，从而影响其身心的健康发展。

一、经典案例

敌对情绪是学生重要的心理问题之一，这类学生攻击性强，感情冷漠。做这类学生的教育工作，某中学的刘老师认为，首先要避免急躁，保持

平和的心态，通过分享他们的优势来进行诚恳沟通，有效转化。

有一年，刘老师接手一个班级，班里有一名叫小强的学生学习成绩非常好，一直是班上的第一名。后来班里转学来了一位新生，这名学生聪明好学，成绩也很优秀，几次竞赛、考试都超过了小强。小强心怀嫉妒，处处和这名同学作对。有一天，他甚至把对方的教科书偷了出来，悄悄扔进了厕所，希望以此来使自己的成绩超过对方。

后来，班里进行班干部选举，小强没有被选上，他心怀不满。在学期结束评选“三好学生”时，他又落选了。这下激怒了他，于是他非常生气，追查不投他票的同学，寻机报复；对被评为“三好学生”的同学，制造谣言，恶语中伤。

有一天，在刘老师的课堂上，小强不时地和前后左右的同学小声说话。刘老师几次示意他停止，他却故意装作看不见，仍然说自己的。刘老师忍无可忍，训斥了他几句。小强不再说话了，但却明显不服，眼里闪出一股敌视的目光。

课后，刘老师把小强叫到了办公室，准备跟他谈一谈。但不管刘老师说什么，他都一言不发，问急了，他就慢条斯理地回答一个“是”字，并且总是两手插在口袋里，两眼望着窗外，一副刀枪不入的样子。

看着他这个样子，刘老师也想发火，但她知道自己这时不能发火，否则不但解决不了问题，还会惹来更大的麻烦。

“课堂上，我可能太急了，不该对你发火，希望你能理解！”刘老师这样开始了双方之间的谈话。

小强明显愣了一下，他没想到老师会用这样的态度温和地跟他道歉。他犹豫了片刻，好像要说什么，但还是没有说。不过，刘老师明显感觉到他心里的敌意已解除了一些，因为这时他已经把插在口袋里的手拿了出来，不再两眼望向窗外。

刘老师说：“我很想跟你建立两种关系：一是课上我们作为师生能够做到教学相长；二是在课下我们可以作为朋友，敞开心扉以诚相见。”听了刘老师这些话后，小强终于开了口，试探着跟刘老师聊天。他说自己以前一直担任班长职务，还曾被学校评为优秀班干部，但进入高中后，不但没有进班委，而且还没有被评上“三好学生”，他觉得不服气，认为自己比被评上的人更优秀。

“其实每个人都有自己的优势和弱项，老师知道你学习成绩非常好，但评选‘三好学生’不能仅仅看学习成绩，还要看其他很多因素，如人际关系。不过，虽然你目前的人际关系差一点，但你能歌善舞、能写会画，说明你有很强的音乐才能、绘画才能、运动才能等，只要尽情发挥，一定会成功。我们应该相信：人人有才，人无全才，扬长避短，人人成才。如果你把时间 用于对自己优势能力的挖掘发挥上，你就没有精力用敌对方式向别人表示你的不满了。你的心情和人际关系也会随之好转。

我知道在这个年龄阶段你还不够成熟，所以难免会在意一些小事，但你是个男子汉，就应该有‘宰相肚里能撑船’的度量和风范。

人的一生要经历无数的困难和挫折，它确实使人感觉不好受，因为它使我们的需要难以得到满足。然而对不同的人来说，挫折的意义极为不同。如果是我遇上了你那一点小小的挫折，我会微笑面对，会迎难而上，而且会愈挫愈勇，总结经验争取下学期的成功。如果我是你，我会努力交几个能以诚相待、敢露真言、以心交心的朋友。

要记住，敌对并不能解决问题，应该用积极正面的方式寻找快乐，享受生活。

听完老师的话，小强轻轻地点了点头，此时他已没有了刚才漫不经心的态度，而是变得非常认真。刘老师最后告诉他：“以后要多与父母、老师、同学沟通，彼此多了解一些，就会减少很多矛盾。”

之后，刘老师又争取其他老师的配合，经常对小强的闪光点进行表扬和鼓励。经过一段时间的调整，小强的敌对情绪明显减轻，师生关系、同学关系融洽了许多，学习成绩明显进步，精神状态大为好转。

二、案例解析

报复成绩比自己强的同学、因为没有被评上“三好学生”而心存嫉妒……这些行为都表明小强有着严重的敌对情绪。从上面的案例中可以看出，在小学和初中阶段，小强因为成绩突出，经常受到老师的夸赞，一直担任班长，并被评为优秀班干部，但因此也使他心理比较脆弱，承受能力差，适应性也较差。所以，进入高中后，面对环境的变化、角色的转换、自我管理能力要求的提高，小强产生了不适应感。以前的极度优越感使他不能接受自己没选上班长、没有被评上“三好学生”的事实，于是就产生了诸多困惑和焦虑，以致报复同学、攻击他人等。

面对小强不稳定的情绪和不合常理的举动，刘老师虽然生气，但却抑制住了自己的怒火，以一种平和的心态开始跟他谈话。一开始是不顺利的，小强明显带着敌对情绪，所以他对刘老师的问话采取了漠视的态度。刘老师没有发火，而是对自己课堂上的态度道歉，这显然让小强有些意外，也在一定程度上减轻了他的敌对心理。趁此机会刘老师温和地说：“我很想跟你建立两种关系：一是课上我们作为师生能够做到教学相长；二是在课下我们可以作为朋友，敞开心扉以诚相见。”刘老师平和的态度终于打破了小强的心理防线，他开始试着跟刘老师沟通，刘老师也趁机对他进行说服教育。师生两人就小强的优点和问题进行了诚恳的沟通，最后取得了一定的效果。

优秀生由于家长的过度保护，学校、老师的过度关照，潜伏着心理脆弱、承受能力差、适应性差等心理危机。再加上正处于心理变化激烈、情绪反应强烈的时期，他们思维活跃，社会认识敏锐但较肤浅，情感丰富而不稳定，因此心理矛盾、心理冲突时常发生。对此，教师不能坐视不管，必须认真对待，否则会对学生身心健康产生不利影响。教师一定要通过各种有效方式引导学生走出心理误区，培养他们良好的心理健康素质，争取让每一名学生都能快乐且健康地成长。

三、具体成因

“敌对”是个体遭受挫折时引起的强烈不满而表现出来的一种仇视、对抗、不相容的消极情绪状态。有敌对心理的学生常对他人抱有不友好的态度，甚至把别人对他的赞扬也看成是冷嘲热讽；老师和同学所提的意见，他会认为是对自己的挖苦，甚至会做出报复、破坏的举动；为一点鸡毛蒜皮的小事常和同学争得面红耳赤；在家里顶撞父母，不愿意听取他们的意见。

到底是什么原因使得学生小小年纪就用对抗的方式来对待他人和外部世界呢？

1. 学校因素

学校教育是塑造学生健康心理的熔炉，良好的教育将使学生终身受益，不良的教育会给学生的心理健康带来负面影响，特别是教师粗暴的教育方法。教师的讽刺挖苦、教师的偏心，以及教师的歧视冷漠等，这些与学生对立情绪的形成都密切相关。

教师认识偏见而导致对学生的评价不公正，这很容易引起学生的敌对情绪。教师对学生的过多或不适当的批评指责，易引起学生敌对、不满、怨恨的情绪。学生对教师的教学态度、人格特征、知识水平和教学能力等不满，也易出现敌对情绪。

学习压力大也是造成学生，特别是毕业班的学生产生敌对情绪的一个原因，他们常用敌对态度来发泄自己的不满情绪。他们不仅对同学、教师、家长有敌对倾向，甚至常常对着无生命的东西宣泄不满。

2. 家庭因素

从家庭教育来看，受中国几千年传统家庭教育的影响，“棍棒之下出孝子”“不打不成才”等观念在一部分家长头脑中根深蒂固。他们希望自己在家中享有绝对权威的地位，常常把子女看成是自己的私有财产。他们不尊重子女的人格，私拆他们的信件，控制他们的行为，动辄采取打骂等粗暴方法来对子女进行“教育”。父母这种不正确的教育方式与态度对子女的心理健康影响很大。

3. 社会因素

现代社会科技发达，信息丰富，生活节奏加快，社会竞争残酷激烈，大众传媒深入每个角落，这些无一不影响着学生的心理发展。随着学生年龄的增长，社会环境对其心理发展的影响愈来愈大。社会上的一些不良现象，严重影响着学生身心健康成长。一些学生受敲诈、勒索、抢劫、欺负后得不到社会的保护和安慰，会对社会产生敌对情绪，甚至会将怨气转移到他人头上以达到心理平衡。

4. 学生心理因素

处于青春期的学生，生理、心理矛盾冲突急剧发展，心理学家称之为“心理断乳期”“精神饥饿期”“第二反抗期”等，名目繁多。这也充分反映出这一时期学生心理发展的重要性和复杂性。

他们在心理上表现出强烈的独立意向。他们想要独立地处理一些问题，要求独立地进行各种活动，对成人的干预往往有对立情绪。由于他们的认识能力跟不上独立意识的发展，因此思维方式带有很大的片面性和表面性。他们缺乏认识经验，遇事往往是非不清，容易偏激和固执，情感极不稳定，个人行动带有很大的盲目性。他们的自尊心和虚荣心都很强，对于别人如何评价自己非常敏感。他们缺乏足够的意志锻炼，经不起挫折。他们追求独立与建立自我的愿望不时会与学校教育、家庭教育和社会需要等要求发生矛盾。他们认为自己已经是“大人”，他们觉得自己可以“独立”行事了。他们不满于学校条框规则的约束，难以忍受家长的唠叨，一旦自己的愿望遭受挫折，就会产生敌对情绪。

学生产生敌对情绪的原因既有家庭、学校的不良教育方式，又有社会的不良影响等外部因素，更有学生自身的内在心理因素。

敌对倾向对学生的发展有很大的危害。虽然从表面上看，有敌对情绪的学生好像对什么事情都不在乎，实际上他们的内心是痛苦和不安的。他们常把自己摆在与别人敌对的位置上，心理上难免有孤独、寂寞之感，长久下去会对其身心健康产生不利的影响。教师一定要尽力帮助有敌对倾向的学生消除这种不良情绪。

四、教育策略

学生产生敌对情绪的原因是多方面的，教师只有针对这些原因采取恰当的、科学的教育措施，才能消除学生的敌对情绪。那么，具体怎么调整呢？

1. 多给学生一份关爱与尊重

爱学生是教育最基本的前提条件之一，对有敌对心理的学生，教师更应真诚地去关爱他们。因为有敌对倾向的学生虽然表面上好像什么都无所谓，其实他们内心深处对自己的进步并没有完全丧失信心。他们非常希望能得到别人的尊重，得到老师、家长及同学的关爱和帮助。

教师应多关心有敌对情绪的学生，多与他们沟通、交流，建立起师生间亲密互信的关系。这样才能让学生畅所欲言，说出心里话，教师才能找到对立的原因，寻找和实施调整策略。

2.捕捉闪光点，及时给予表扬和鼓励

曾有一位著名的教育家说过，孩子需要鼓励，就像植物需要阳光，离开了鼓励，孩子不能生存。对一些有敌对心理的学生，教师平时要多加注意和观察，一旦发现他们有了一点点的进步，就应及时给予表扬和鼓励，以点燃他们向上为善的火种。这不但能化解和消除他们的敌对心理，而且能使他们的良好行为得以持续下去。表扬和鼓励能起到催化的作用。

3.引导家长营造民主平等的家庭氛围

家庭是学生成长的重要环境，家长是子女模仿学习的主要对象。家庭的教育氛围、家长的教育方式对学生健康心理的形成有着重要作用。父母如果经常以惩罚为手段，严厉地对待孩子，子女往往没有安全感。过分干涉和保护会使子女缺乏自信、没有主见、自卑易怒；长期的拒绝、否认会诱发子女的焦虑和敌对情绪。

教师和学校应利用多种渠道做好家庭教育的指导工作，取得广大家长的支持与配合；同时，要向家长宣传教育学、心理学和家庭教育知识，引导家长营造民主、平等的家庭教育氛围，采取恰当的教育方式，多与子女沟通，及时化解子女的敌对情绪，促进子女心理健康成长。

4.鼓励学生积极参加集体活动

学生在成长过程中，存在着从接受父母权威和影响到接受同伴群体影响的转变趋势。也就是说，随着年龄的增长，学生受同伴的影响会越来越大。化解学生敌对情绪的重要方法之一就是要创设良好的班集体氛围，使学生每天都受到良好班风、校风的熏陶。同时，积极开展班集体活动，鼓励有敌对倾向的学生参加活动，使他们在活动中学会与人交往，增进彼此间的了解，使其体验到班集体的温暖和关怀，以健康、乐观的心态投入学习。

5.培养学生的挫折承受力

人生之路不可能总是一帆风顺的，挫折对每个人来说都是难免的。

当一个人遭受挫折时，往往会引起愤怒或敌对的情绪，如不及时给予帮助，就可能产生攻击行为，甚至会造成严重后果。增强学生的挫折承受力，化解他们的敌对情绪是每一个教育工作者应尽的责任。

当学生遭遇挫折时，教师应不失时机地引导学生正确对待挫折，让他们认识到生活中的挫折是难免的，但并不可怕，是每个人必须面对的人生境遇。教师应该大力借助榜样的力量，充分利用古今中外，以及他人在生活中战胜挫折的事例来激励学生。

针对“哥们儿义气”问题要强调树立正确的交际观

可以这样说，青春期是学生一生当中非常重要的时期。在这个阶段，学生不仅可能因懦弱、自闭、自卑等性格问题关闭心门，怯于结交朋友，也有可能因价值观及辨别能力差而结交一些不良朋友，甚至受其影响，在心理上产生“哥们儿义气”的情结。

教师需要在学生青春期这个重要成长阶段，密切关注他们的交友心理，既不能让他们因性格问题交不到朋友，也不能让他们因讲“哥们儿义气”而辜负了青春好年华。

处于青春期的青少年，随着年龄的增长、视野的开阔，对外界事物所持的态度及情感体验也日益丰富起来。此时许多学生都喜欢结交朋友，注重情谊，并且认为这种感情是最真挚的。

美好、纯洁的友情是弥足珍贵的，而“哥们儿义气”与其却是截然不同的。它是一种比较狭隘的封建道德观念，是古代“江湖义气”在当代的表现，它视几个人或者某个小集团的利益高于一切。它信奉的是“为朋友两肋插刀”“士为知己者死”“有难同当，有福同享”，追求的事即便是错的，甚至是触犯法律的，也不能背叛这个“义”字。

在学生健全心理的发展过程中，教师需要关注学生之间的友谊发展，关注学生是否存在“哥们儿义气”这种不良的交友心理。一旦发现，就应及时采取措施，帮助他们扭转不良的交友心态，使其形成健康、正确的交友观。

一、经典案例

这天，某中学的陈老师刚进学校，就听到学生们在议论纷纷。

正在陈老师不解发生了什么事情的时候，就听到学校广播在喊自己赶紧去教务处一趟。陈老师都没来得及把手里的提包放到办公室，就径直去了教务处。

此时，教务处里有四个男生，每个学生都是一副衣冠不整的样子，其中一个脸上还流了血。

四个男生中有一个是陈老师班上的东远，另外两个陈老师依稀记得他们是每天和东远一起上学、放学的伙伴。

“陈老师，你看看，你们班的东远居然纠集同学打架斗殴。现在把他的脸都打肿了。”教务处主任指着被打学生的脸很生气地说。

“东远纠集学生打人？不可能吧？虽然他平时调皮捣蛋，但是却很少打人。”陈老师还有点不相信。

“事实都摆在这里了，还有什么不相信的？你问他自己。”

“东远，是你叫他们打这位同学的吗？”陈老师问。

“谁叫他先欺负我朋友呢？”

“那你就带着他们打他啊？你看同学的脸都被你打成什么样了。”

“活该！欺负我兄弟，就该打！他要想报复的话，我就还打他。”

“你……”听到东远说这样的话，陈老师一时气得说不上话来。

正在这时，另外几个学生的班主任也来了。

其中一个老师说：“啊？又是你们三兄弟啊！”

“三兄弟？”

“是啊！陈老师，你还不知道啊？他们三个可是学校里鼎鼎大名的‘桃园三剑客’。你们班的东远是老大，我们班这俩是老二和老三。”

原来，东远和另外两个学生——小甘、云林，是一个村子里的，从小一起玩，大了又考取了同一所学校，虽然不同班，但是课后还是经常在一起玩，关系很好。

有段时间，电视台播放的电视剧《三国演义》，把三个人都迷住了，他们尤其喜欢剧中刘、关、张三人“桃园结义”的情节。于是，在东远的提议下，他们就学着刘、关、张的样子，找到一个桃子种植园，跪地焚香，宣读“不同生愿同死”的誓言，结拜为异姓兄弟，号称“桃园三剑客”。

从此，三人以兄弟相称，形影不离。如果三人中有谁被别人欺负了，其余两个肯定“帮忙”。这使学校里的学生都不敢惹他们，看见他们就远远地避开。

这天，云林在学校里玩篮球时，因为没让个子比他高大的盟南（被打的学生）玩，与盟南发生了口角，两人便动起手来，结果云林被盟南打了个鼻青脸肿。

东远与小甘听说后，非常生气，发誓要找盟南给云林出气。

次日，三个人趁厕所里只有盟南一个人的时候，便围住他一顿拳打脚踢。

恰好被去厕所的教导处主任发现了，于是制止了他们，才避免了更大的伤害。

事情搞清楚后，教务处主任让双方学生的班主任各自带回学生自行处理。

看着怒气未消的东远，陈老师知道需要灭灭他的威风了：朋友没交几个，就知道讲“哥们儿义气”了。但是，陈老师把东远带回去后，并没有直接进行教育，而是冷落了他几天。

“东远，来我办公室一趟！”第四天上午放学后，陈老师说到。

东远一听，就知道是为前几天的事情，但是他不知道为什么陈老师现在才想起来找自己。

“东远，听说你是看了刘、关、张三个人的事迹后，才和你那两个好朋友结成异姓哥们儿的？”

“是的。”

“如此说来，你很欣赏甚至是崇拜刘、关、张三个人了？”

“没错！尤其是他们为了兄弟情谊，不惜战死的精神。”

“他们的这种为兄弟舍生忘死的精神确实值得我们敬仰。老实说，老师和你一样，也很敬仰他们，但是你有没有想过，如果他们不是那么冲动地为兄弟报仇，他们会死得那么惨、那么不值吗？”

“可是，这却表明了他们对兄弟情谊的看重啊！”

“东远，你记得他们在结义时确立的共同目标吗？”

“不知道。”

“他们在一起并肩战斗，并不仅仅是因为友谊的存在，还因为他们有一个共同的目标——扫除逆贼，复兴汉室。可是，结果呢？他们因讲‘哥们儿义气’，不仅没有为兄弟报仇，反而搭上了自己的性命；他们不仅没有实现自己的目标，反而助长了敌人的野心与威望。如果他们不死的话，以他们的能力，或许可以让汉室再延长几年，甚至光复汉室也不一定。”

“真是这样吗？”

“当然。你看，刘、关、张死后，蜀汉还有谁能支撑大局啊？只有一个诸葛亮。如果关羽死后，张飞和刘备能够控制自己的情绪，思考一下后果，然后壮大自己的势力，肯定能真正为关羽报仇雪恨。”

“老师说得很有道理。”

“谢谢你能理解。话又说回来了，你在看到自己的朋友被人欺负时，有没有想什么方法才是最好的报仇方法？”

“以牙还牙就是最好的方法！”

“可是，如果他还趁你们不在的时候，继续欺负云林呢？”

“我们再打他！”

“不过，我想这次那个叫盟南的学生肯定会有所准备，一定会找自己的哥们儿来‘反报仇’。你们这样冤冤相报无了时！到那时，你们就会变成只为打架报仇而生活的人了。你别忘记自己来学校是为了读书、学知识的。”

“可是，我们不报仇又能怎么样？”

“双方讲和啊！你们打架的原因，很简单，就是玩一个球而已。可是后果呢，却有两个人被打了，值得吗？难道出了那口气，真的就那么痛快吗？”

“没有。我们后来也担心过，担心被老师骂，担心双方再打。因为我们也想好好学习。”

“既然这样，你们不如和对方讲和，相信他也不想整天防着你们报仇，也想安宁地读书。没准儿，因为你们先伸出的橄榄枝，他会和你们交朋友呢。”

听了陈老师的一番分析，东远认同地点了点头。

结果果然在陈老师的预料之中，在东远和两个哥们儿伸出手道歉的同时，对方也不好意思地说自己不应该那么小气、冲动，为一个球打人。

冰释前嫌后，校园里多了一个“四剑客”，但是东远却没再为哥们儿的事情犯过类似的错误，他还劝说几个哥们儿不要为一点小事情就与人打架。

二、案例解析

爱因斯坦说，世间最美好的东西，莫过于有几个头脑清醒和正直的朋友。的确，友谊是人生中不可或缺的组成部分，它可以让学生有成长的体会、有被关心认同的体会，而这种同辈的接纳和友谊的存在，在青少年的社会化和人格的全面发展过程中确实起着非常重要的作用。应该鼓励学生多交几个朋友，积极地融入集体生活。

青春期的心理特点也意味着学生存在着认知片面、主观是非观念模糊、容易冲动和意气用事等心理隐患。这使得他们把“哥们儿义气”错误地理解为真正的友谊。于是，为了保住这份友谊，他们不惜违背行为准则，甚至出现替同学做作业或者抄笔记，挥拳为朋友“报仇”、为朋友的错误“保密”等不良行为。

对于学生经常提起的“哥们儿义气”，陈老师则这样认为，许多学生因为欠缺理智，不能自制而自我伤害。讲“哥们儿义气”的心理就是很严重的一种。诚然，学生乐于交友，并且乐于向朋友展示自己的真诚，是可以的，但是因此而丧失自我，放弃应有的原则，就不应该了。

东远这个学生，从发生在他身上的事件及其思想转变来看，绝不是个人品有瑕疵的学生，而是个乐于关心朋友的人。正因为他把云林等当成自己的兄弟，懂得为他人着想，才在得知朋友被打后，纠集同伴报仇。这是讲“哥们儿义气”的学生值得肯定的一面，只是方法不当。因为现在受某些自私自利不良思想的影响，学生们已经很难有为他人而牺牲自己利益的举动了。

由于缺乏辨别是非的能力，再加之易冲动的心理特征的影响，东远没顾及打架是错误的，没能想到解决问题的最佳方法是向老师报告，或者寻求和解、以理服人，而是直接付诸武力。

陈老师认为，解决学生“哥们儿义气”心理，需要注意的不是让学生不讲义气，而是让学生清楚什么是真正的义气，怎样做才是讲义气。

在知道东远因“哥们儿义气”而纠集哥们儿去打架后，陈老师没有直接批评东远的动机，而是借助分析东远所崇拜的刘、关、张的事迹，向他讲明一些道理：义气是要讲的，但是，“讲”义气也不能借义气之名行不义之事。

当东远对真正的义气有所了解时，陈老师话题一转，又回到了东远聚众打架这件事上。然而，把事情放到自己身上，东远仍然不太明白怎样才是对哥们儿好，仍然认为报仇才是最好的讲义气的方法。

对此，陈老师也没有直接反驳，而是从各个角度不厌其烦地给东远一一分析。陈老师始终站在东远的立场思考问题的做法，最终打动了东远，并且东远在心理与行动上，都有了改变。

值得注意的是，在进行心理辅导的过程中，面对东远执著的“以牙还牙”，陈老师没有断然否定，训斥东远的“糊涂”和“不理智”，而是通过对其做法作出种种假设，耐心引导东远自己去认识“义气”，去选择哪种做法才是真正讲“哥们儿义气”。

面对学生因讲“哥们儿义气”而进入心理死胡同的问题，教师首先要做的是通过讲述义气的真正内涵，让学生在心里进行对照，从而得出最好的理解和判断，成为一个真正为“哥们儿”着想的人。

三、具体成因

青春期的学生，心理处于半成熟状态。他们的自我意识、独立意识已经初现雏形并且日益高涨，他们越来越喜欢与同伴交流思想，友谊在他们心里的位置也越来越重要，甚至大有超过教师与父母的趋势。他们越来越渴望得到来自朋友的关心、尊重与认可。

由于日常接触较为频繁，加之兴趣爱好较为相似等原因，有些学生就开始与自己要好的同学发展为少数人的小团体，通常是两三个人甚至更多，他们一起学习、活动，互相之间分享快乐与苦恼，甚至彼此之间开诚布公、没有秘密，形成所谓的“死党”。

还有些学习不理想的学生，因为成绩问题被家人、教师和同学排斥，就慢慢变得自暴自弃，开始逃学、进网吧、喝酒，等等。这样，游离于课堂之外的他们，难免受到社会上一些不良青年的引诱，加之他们本身就特别渴望得到他人的认同，于是就与他们组成了一个小团体。

这样的交友圈子在某种程度上满足了青春期学生的很多成长需要，而这正是促使是非辨别能力较低的学生产生“哥们儿义气”的深层原因。

那么，学生们在这个圈子里得到了哪些心理上的满足呢？

1. 归属感与认同感

在哥们儿身上，学生有了进一步的归属感。因为他们通过与哥们儿在一起活动，感受到除自己的个人身份外，还有一个很重要的身份——小团体的一员；他们除要为自己争取利益外，还要懂得为哥们儿着想。

他们体会到了来自哥们儿的关心、照顾与保护，而这种是与父母的关心、教师的关注不同的。是他们所不熟悉的。于是，有哥们儿的学生，就会比没有哥们儿的人感觉多了几分荣耀与幸福。

2. 长大的体会

因为有了哥们儿，他们有成为大人的感觉。因为一旦成为某些人的哥们儿，他们就会不约而同地遵守一些不成文的规定，学着与哥们儿“同甘共苦”“生死与共”，学着把自己的利益与哥们儿的利益相结合，学会分享和容忍。

这是一个人长大成人融入社会的体现。因此，他们会尽量使自己的言行与成人交往中的一些行为与言谈相符合，如互送礼物以示好感、在同伴有难时慷慨相助甚至两肋插刀。而这些举动受到情感支配的程度多于理智，是学生在通过行动表达自己对友谊的理解。

3. 寻找自己的位置

在与哥们儿交往的过程中，学生不断摸索自己的合适位置。“哥们儿”

团体中通常会有一个或者几个核心人物起关键作用，大家会不自觉地以他或者他们为核心。这些核心人物是这个圈子的代表，其他人则分处不同的位置和角色。他们之间也会有分歧，甚至会因分歧而伤害、打击和排挤少数成员，使之屈服或者离开。

弄清楚学生在交友时的心理需要，就能在一定程度上知晓学生的心理状态，以便较为容易地找到学生产生“哥们儿义气”心理的原因。教师要想找出学生讲“哥们儿义气”的原因，不妨站在学生的角度上看看他们从哥们儿身上得到了什么。

四、教育策略

真正的友谊应该让朋友都能健康地成长、进步，应该学会理智地对待友情。面对学生在交友方面的困惑，教师要教学生理智做人，遇到事情三思而后行。

那么，面对那些有“哥们儿义气”心理的学生，教师需要具体采取哪些措施转化他们呢？

1.让学生了解“义气”的内涵

教师要想消除学生的“哥们儿义气”心理，首先要让他们了解什么是真正的讲义气。这样，学生才能知晓自己的错误，才能有悔改之心。因为学生讲“哥们儿义气”的根本出发点是好的，错误在于他们没有搞清楚什么是真正的“义气”，什么是真正的为哥们儿着想。

在我国传统道德观念中，“义”是很重要的。中国人做人的基本原则之一就是讲“义”：辨别是非时要讲“正义”与“非正义”；国难当头讲民族大“义”；生死之间讲“舍生取义”，等等。因此，孔子说：“君子喻于义，小人喻于利”，（《论语·里仁》）把“义”看作君子与小人的分界线。

如今虽然时代变了，但是古老的美德却依然存在于当代社会中。当“见义勇为”的壮举受到表彰时，当“正义必将战胜邪恶”的信念激励普通人与坏人坏事作斗争时，都能使人感受到“义”的强大。

讲义气，必须是见正义而为之，而不是做伤天害理、违法乱纪的事。作为学生，要讲义气，处事应该光明磊落、文明高尚，而不是拉帮结派、恃强凌弱。

2. 剖析“哥们儿义气”与友谊的差异

真正的友谊，是人与人之间的真挚情感，是一种高尚情操。它可以使你赢得真朋友，使你遇到困难危险时，得到朋友无私的帮助与支持；使你陷入烦恼和苦闷时，得到朋友的倾听与理解。这种友谊是有原则的，它的前提是不能违反法律，不能违背社会公德。而“哥们儿义气”则不同，它源于江湖义气，是为“哥们儿”的一己私利而是非不分、不讲原则的“义”。

友谊需要义气，但需要的是讲原则的义气，而不是不辨是非地为“朋友”两肋插刀，甚至不顾后果、不负责任地迎合朋友的不正当要求。这不是真正的友谊，也不是真正的义气。

当学生真正明白“哥们儿义气”与友谊中的义气的差别时，就会豁然开朗，反省自己的不当行为。

3. 从思想深处找原因

教师可以想办法深入学生内心，探查一下他们对“哥们儿义气”产生兴趣的深层原因，看看它是在哪个环节上入侵学生头脑的。

找到了症结所在，教师就可以对症下药，对学生进行相应的心理辅导，让他们勇敢地向狭隘的“哥们儿义气”说“再见”。

4. 剖析反面典型，发挥警示作用

狭隘的“哥们儿义气”害人害己，纵观因“哥们儿义气”走上歧途而留下的教训，都是因一点鸡毛蒜皮的小事引起的。教师可以通过社会上和学生身边的实例，进行正反两方面的剖析，使学生受到启发，从而进一步明确自己的荣辱、是非界限。

5. 积极培养学生的高尚情感

教师可以通过培养学生如道德感、友谊感、集体感、荣誉感等高尚情感，去取代他们头脑中狭隘的“哥们儿义气”。一旦这些健康向上的情感在学生头脑中占据主导地位，他们就不会容许低级、狭隘的“哥们儿义气”控制自己了。

6. 教学生控制自己的情感

“哥们儿义气”之所以在学生中流毒很深，重要原因之一就是他们的情感控制能力较低，很容易失去理智，遇事头脑发热，并且很快在这种冲动下作出不计后果的决策甚至行为，以致酿出很多祸事。

学会控制情感，在一定程度上，可以帮助学生抑制冲动。教师可以通过引导学生用理智驾驭情感，去消除他们因一时头脑发热而为“哥们儿义气”所驱使的不良心理。可以告诉学生，做事前，尤其为“哥们儿”出头“抱不平”前，要多问自己几个为什么、该不该，这样做会有什么后果，是否违背社会道德，是否符合校纪法规等。

“行成于思，毁于随。”（《进学解》韩愈）如果学生能够做情感的主人，能够三思而行，就可以避免许多差错。这样，即便再有人用“哥们儿义气”拉他们干错事、坏事，他们都会有所察觉而不会为所谓的“义气”所驱使了。

“栽树要栽松柏，交朋友要交真君子”(《增广贤文》)。所交朋友的好坏，可以直接影响到学生的言行与品德，甚至影响他们的身心健康。

作为学生的教育引导者，教师不仅要注意加强其文化知识的学习，更要帮助他们形成正确的人生观、道德观、友谊观，这样才能在源头上杜绝他们结交不良朋友，真正避免因讲“哥们儿义气”而一时冲动犯下追悔莫及的错误。

针对盲目追星问题要正确引导，利用学生的崇拜心理进行人生观教育

据有关资料调查表明，70%的学生有过追星经历。对于某些追星族来说，偶像的一切都是自己关心的事。他们看偶像主演的每一部影片，听偶像唱的每一首歌曲，不想错过偶像的每一场比赛，疯狂购买偶像的画册、唱片，收集有关偶像的一切资料，从生辰星座、身高体重、兴趣爱好、服装品牌到恋爱情史都如数家珍。

在这个年代，追星实在不是什么新鲜词了，它已成为一种社会普遍现象。

有的教师一听说学生追星，就表示强烈反对。其实，喜欢明星是很

正常的心理现象。根据学生的心理特点，偶像崇拜是青春期的心理特征之一，是青春期心理需要的反映。辩证地看，追星对学生来说，也有着积极的一面，因为追星是学生的一种社会学习，他们通过对明星的观察、模仿，掌握了许多关于社会、人生方面的知识，开阔了视野，活跃了思维，特别是品行高尚的明星，可以成为学生的好榜样。

有的学生对心中的偶像是盲目崇拜，甚至狂热模仿到了发疯、发烧、发昏的地步，这是一种“心理缺陷”，教师应从心理健康角度对这类追星学生进行指导，以正确引导他们的追星行为。

一、经典案例

很多老师对学生的追星行为颇为不解，甚至反感，因此常对这种学生加以呵斥。但重庆市某中学优秀班主任刘老师却从来不这样做，他认为学生追星并不是什么坏事，只要引导有方，不让学生盲目崇拜，追星有时还会起到激励学生的作用。

小铎是一个非常阳光的男生，身高一米七八，整天一身运动装，酷爱运动，特别是足球，踢得有模有样。小铎不但喜欢运动，学习也很不错，成绩名列前茅，是一个发展比较全面的学生。所以，刘老师非常喜欢他。

然而，最近一段时间，刘老师发现他学习有些心不在焉，上课经常走神，前不久的期中考试成绩也下滑了不少。怎么回事呢？刘老师决定找时间认真地和小铎交谈一下。

一天下午放学后，刘老师把小留了下来。来到办公室，刘老师给小铎倒了一杯水，安抚性地拍了拍他的肩，示意他不要紧张，然后温和地问道：“你最近是不是遇到了什么难事，能不能跟老师说说？”

“我，我……”小铎张口欲言，却又支支吾吾，好像有什么难言之隐似的。

“说吧，不管什么事，老师都不会责怪你的。”

“老师，我，我……”小铎仍然支支吾吾，这样沉默了几秒钟，最后他像是下了决心似的，猛地抬起了头，“老师，我想去意大利看我的偶像，他是一位非常出色的足球名将。”

“啊？”听了小铎的话，刘老师有些吃惊，他想过小铎成绩下滑的各种原因，但就是没想到结果竟是这个——追星。

小铎也追星？他可是一个好学生啊！刘老师一时有些难以置信。但这只是瞬间的事，他立刻平复了心情，再次以温和的语气问道：“你很崇拜他是吗？”

“是。他踢球非常棒，我想去见见他，否则我坐在教室里也学不进去，脑子里全是这事。我去意大利，见了他，回来以后就可以专心学习了。我相信，到那时候，我一定会认认真真复习，中考不会有问题的。现在这样，难受死了！”小铎烦恼地说。

刘老师知道小铎确实有学习的潜力，现在最重要的是怎样打消他去意大利见偶像的这种荒唐想法，引导他理性地去追星。简单思索后，刘老师觉得应从心理上进行调整，第一步先拉近师生之间的心理距离。

刘老师首先肯定他的偶像选择得很好。说他的偶像是体育场上的强者，勇敢、自信、意志坚强，临场反应迅速，又有极强的爆发力。这样的英雄气概，是很多中学生所选择的歌星偶像无法比的。还附带告诉他，自己曾经对足球毫无兴趣，但自从看了世界杯后，现在也很喜欢看了，也很欣赏他的偶像。

听了老师的话，小铎的目光一扫刚才的烦恼，变得亮晶晶的。显然刘老师的话让他感到安心，师生间的心理距离拉近了。

接下来，刘老师话锋一转，说选择偶像，就是希望自己能成为像偶像那样的人（更多是精神方面）。但现在，显然因为过于迷恋，使你的崇拜已经对自己的生活和学习造成一定的不良影响，相信这肯定不是你的偶像所希望的。同时，刘老师还告诉小铎：这些明星在绿茵场上、舞台上、广告中，绝对是公开的，但是在离开这些地方后，绝对是比较隐蔽的。“你花那么多钱，浪费中考复习的宝贵时间，飞到意大利去，你就能见到他吗？就算你万分幸运遇到他露面的机会，你又能怎么样？就连突然蹿红的偶像，一唱完歌还不是马上就被保安人员护着走了吗？更何况世界足球明星呢！”

这一席话，引起了小铎的思考，他陷入沉思。

看到小铎开始动摇，刘老师又开始对他讲一些媒体披露过的中学生荒唐追星的故事，听着听着，小铎渐渐露出了笑容。他的领悟力很强，点点头对刘老师说："我懂了。"

为了让小铎真正安心，刘老师建议他不妨给偶像写封信，寄到对方的俱乐部，把自己对他想说的话全都写在上面，但不要期望一定能收到偶像的回信，因为他可能每天会收到从世界各地寄去的成千上万的信件。不过，一个中国小男生的信，也许会让他的秘书处理信件时特别感兴趣。总之要抱着"管他有没有结果，我写写，把自己的思念和渴望传递过去就是了"的心态。刚说到这里，小铎已经兴奋地站了起来，高兴地对刘老师说："太好了，老师，你的建议非常好！我知道该怎么做了。"

后来，小铎真的写了一封信寄到了偶像的俱乐部。不管有没有收到回信，让刘老师高兴的是，在寄出信的那一刻，小铎已经没有飞赴意大利的念头了，注意力也集中到学习上来了，而且他还经常和刘老师谈论自己的偶像，学会了理性追星。

二、案例解析

形形色色的明星层出不穷，很多歌唱演员、影视演员、体育健将等活跃在荧屏、各大媒体上，这些明星似乎成了财富、成功、时尚的代名词。他们以其亮丽的外形、迷人的身材、优美的歌喉、动人的舞姿、矫健的身影，赢得了学生们的喜爱。小铎就是一个迷恋体育明星的"追星族"。为了追星，他甚至想远赴意大利与自己的偶像来一次"亲密接触"。显然这种想法是荒唐的。

由于小铎一心只想见自己崇拜的"英雄"，坐在课堂上心神难安，回家后心猿意马，导致期中考试成绩明显下降。如果长此以往，很可能与重点高中失之交臂。了解到小铎成绩下滑的原因后，刘老师并没有因为他追星就严加呵斥，而是温和地与他谈心，通过心灵的沟通拉近师生的距离，从而引导他正确追星，避免他陷入盲目之中。

刘老师与小铎进行了推心置腹的交谈。他先肯定了小铎的偶像值得"追"，并以自己也喜欢这个明星为话题，拉近了双方的距离。这就打开了小铎的心理防线，使其畅所欲言。当感受到小铎对自己的信任后，刘老师又转而指出其追星的盲目性。小铎本身就是一个学习好、领悟力很强的学生，所以听了老师的话，他开始思索自己这样做值不值得。

当然，此时小铎的追星心理还没有真正被调整过来，但他确实有些动摇了。刘老师趁机又给他讲了一些媒体披露过的中学生荒唐追星的故事，以此作为警示。这些话起到了一定的作用，小铎露出了笑容，不再愁眉不展。为了让他更安心学习，不再有飞赴意大利的念头，刘老师给了他一个很好的建议——给偶像写封信寄过去。这样不但不会耽误学习时间，还能了却心愿，一举两得，何乐而不为呢？这个建议让小铎豁然开朗，他高兴地说道：“好了，我知道该怎么做了！”

通过分析案例可以看出，刘老师在处理学生问题时非常明智。对于学生的追星现象，他采取了宽容、参与和讨论的做法，与学生敞开心扉，畅所欲言。在讨论、探究、思索、渐悟、筛选中逐渐使问题深入，引上轨道。对他们的单纯幼稚甚至可笑的想法既没有嘲笑、讥讽，也没有训斥，而是在肯定他们追星行为的同时，让他们把握分寸，做到追星、学习两不误。这样做也给学生留下了自我认识、自我调整、自我纠正、自我提高的空间和余地。

其实，从某种程度上来说，追星对学生的成长有意义，老师要给予理解，没必要视偶像为洪水猛兽，严加禁止。

三、具体成因

现在的学生有七成以上都追星，有的学生追星比较理性，但有少部分却很疯狂，他们到处收集有关“星”的资料，甚至有专门的记录。他们在床头桌前都贴着“星”们的照片，有的还随身带着明星的画片，就像护身符一样。他们或许记不住父母的生日，但对“星”的一切却能娓娓道来；他们极力仿效“星”的发型、穿衣打扮，甚至不惜花钱把自己的某个部位也整容得与“星”们一样，更有甚者还会仿效明星自杀。

那么，为什么学生会追星，甚至到疯狂地步呢？原因有很多，可分为自身原因和社会原因，其中社会原因是主要原因。

1. 自身原因

（1）青春期的心理需要。

在中小学生的成长过程中，总会有莫名的苦闷、迷茫和彷徨，对自己的人生不知如何定位。他们需要一个模式来参照，要不然就很难完成自我确立。偶像是他们理想自我的载体，于是“追星”就成了实现自我的必然途径。

其实，崇拜偶像只是寻找一种心灵的寄托。每个人的成长过程中，都会存在着一两个或几个有着特殊意义的、影响人生价值取向的人，这也就不难理解追星现象的普遍了。既然这种现象不可避免地存在，就该坦然接受这一事实，这样能为正确引导学生健康成长，找到恰当的解决方案。

（2）崇拜心理。

追星心理符合青少年学生的年龄特点，因为他们对事物的理解多停留在感性认识阶段，仅仅只是满足于感官享受，这一点可以从他们所追明星的形象表现出来：男的大多英俊潇洒、风流倜傥，扮演的也多是义胆冲天、侠骨柔肠的铮铮铁汉；女的则是闭月羞花、沉鱼落雁，扮演的也多是娇媚可人、善良温柔的婷婷玉女；球星也都英姿勃勃、气质逼人，在赛场上更有翻云覆雨、左右全局的能力。生活中这些明星们的发型、穿衣打扮代表了时尚、潮流，在学生眼中代表了另类，这些难免让正处于青春期的少男少女羡慕、迷恋、崇拜。

（3）从众心理。

这一心理正说明青少年学生的认识能力和分辨能力是十分有限的，他们的好恶往往带有很强的从众色彩，为了不被看作“落伍”，视为“异端”，他们自觉不自觉地加入追星行列，盲目追逐。

（4）时尚心理。

“追星”，在不少学生看来，就是件时髦的事，至于有没有道理、有没有价值却从不去考虑，只要有“星”可“追”就足够了。

2. 客观原因

（1）媒体责任的缺失。

随着现代传媒的发展，电视、电影、广播、网络、报刊、杂志等信息渠道已经成为学生生活的一部分，他们无时无刻不受到影响。其中部分媒体一味迎合学生的口味，推出的偶像带给学生的只是简单的视觉、听觉享受，注重的是一些外在的、娱乐性的东西，无法对学生形成正确引导。

（2）榜样的缺失。

当代社会生活中的榜样所起的作用不是越来越大，而是越来越小，特别是适合中小学生的榜样太少。而且一些树立的榜样给人的感觉却是可望而不可即，可佩而不能学的，也就丧失了其应有的影响力、感染力。

学生喜欢明星、崇拜明星，与这个时代缺乏偶像有关。老师和家长们所说的雷锋毕竟离学生的生活太远了，学生并不熟悉他们。学生平时所听到、见到、接触到的全是影视媒体宣传的偶像，这叫他们怎能不崇拜？

（3）学校教育的缺失。

学生追星热折射出的是学校教育的缺失。素质教育搞得轰轰烈烈，应试教育抓得扎扎实实，这是当今教育的真实写照。学生的学习生活枯燥、沉闷、乏味，每天处于永无休止上课、机械重复做题之中。师生每天把大部分精力都用在抓智育上都还不够，更妄谈其他的教育了。学生不能在学习过程中享受到学习的乐趣，而是变为学习的奴隶，为学习所累。学习就如大山般压得他们喘不过气来，不是学得越多越爱学，而是学得越多越厌学。

追星也正是在这样的背景下出现的。学生把追星当成缓解学习压力的调味剂，绷得紧紧的神经能够在追星中得到暂时缓解，这可看作是他们自我调节的一种表现。

对学生来说，“追星”是一种正常的心理需求和行为表现，所以老师不必大惊小怪。虽然盲目“追星”有弊，但如果老师能加以正确的引导，使学生把握好“追星”的分寸，善于从学生所崇拜的偶像身上吸取积极的人生经验，让学生学会理智地去“追星”，不在盲目的“追星”中迷失自己，那么这样的“追星”是利大于弊的，对学生的学习和生活应该是有益的。

哲学家告诉我们，一切都是辩证的。一切事物都包含着积极与消极两个方面。学生追星现象亦如此，它既有积极的一面，也有消极的一面，就看教师怎样去正确引导了。

四、教育策略

学生的追星问题日益严重，单靠他们自身的自制能力与调节能力不足以处理好这些问题，这时需要老师、家人、社会的帮助。教师要用恰当的方式引导他们走上正确的追星之路，健康地成长。那么，如何正确引导、调整追星族的心理呢？

1. 及时发现、调整

当学生有追星的外在言行表现时，教师要适当介入，站在学生的角度对他们的追星行为表示理解，向学生说明这种心理的正常性。这样可以拉近距离，在引导和教育学生的过程中可以有的放矢，让学生心悦诚服。

教师要表明自己的观点：不反对也不提倡个人偶像崇拜。要引导学生把握分寸；对偶像的追随不是光看外表，更重要的是看其品质；是欣赏其歌，钦佩其才，而不能迷恋其人；不能只看到他们风光的现在，更要了解他们曾经艰辛的付出；要正确处理追星与学习的关系，不能因追星而荒废学业、虚度青春；追星应是学习的动力，而不能成为学习的阻力。

2. 加强学生的自尊教育

学生的盲目追星其实是迷失自我、丧失自我的表现。教师要让学生明白，每个人都有自己独特的一面，都有自己的优点和长处、缺点与不足。明星也是凡人，不是神明，他们同样也有缺点和不足。但他们是公众人物，只不过在公众场合通过掩饰，遮盖了许多不为人知的缺点罢了。如果每个学生都忽视自己的特点而盲目从众，就是对自己的不尊，同样也会造成对他人不敬，因为一个连自己都不尊重的人，怎么会尊重他人呢？

教师要引导学生细致地剖析自己，了解自己的优势和劣势；要帮助他们深刻地洞悉他人，学习别人的长处和优点；要让他们懂得尊重自己，维护自我尊严。

3. 重视学生的家庭指导

在学生成长的烦恼中，父母无疑是解惑的重要人物，同时起着榜样的作用。所以，教师在学生追星方面要争取家长的积极配合，提醒他们不能粗暴干涉，要用亲情感化、启发子女面对现实、摈弃幻想，引导子女珍爱自己，关爱家人。不能对子女的追星行为提供物质上和精神上的支持，如刻意花钱购买明星的装束来装扮子女，领着子女东奔西跑追觅“星迹”，等等。这只会导致子女沉迷在“追星”中不能自拔，越来越远离现实。

4. 召开有关“追星”问题的主题班会

开展“与明星面对面”活动，让学生了解明星成长历程和光环背后的艰辛，对明星所应具备的秉性天赋及所应具备的专业学识能够有正确的认识，认识到不是每个人都能当明星。

开展评选“今日校园明星”及“当代学生形象设计”活动，树立身边学生中健康成长的榜样，以时尚、健康、向上、积极的学生造型设计来丰富学生生活、活跃校园文化。

开展“畅想未来”“十年后的我”等理想教育活动，通过演讲、报告会、主题班（队）会、团日活动等形式对学生进行正面教育，引导学生将个人成才与社会发展相联系，努力培养学生成为社会主义现代化建设需要的劳动者、建设者、管理者、领导者。

5. 搭建活动平台，让人人成为“明星”

学生的“追星”现象，在某种意义上显示了他们对成功的向往。与其崇拜他人，还不如让他人崇拜自己。教师要注意营造多元的班级文化，通过开展丰富多彩的活动，为他们搭建展示才华的平台，让学生在学习之余有更多的人际交往和良性互动，发展特长，体会成功的快乐，把学生“追星”转化为对成功的自我激励，借以促进学生个人的心理成熟和人格的健康发展。

追星对于学生来说是一种正常的心理需求和行为表现，作为教师，一定要教育学生把握好分寸。学生容易盲目自信，一旦迷上某个明星，会认为全世界只有自己崇拜的明星才是最完美的。而且在“光环效应”下，哪怕是明星的缺点或坏脾气，他们也会无条件地照搬学习。所以，在解决追星问题的时候切忌简单粗暴，应采取相应的措施从心理上加以引导和教育，帮助他们走出自我迷失的沼泽地。

针对上网成瘾问题要感化其心，约束其行

网络正以势不可当的迅猛劲头向人们走来，网络的出现让青少年学生接触到了多元的世界文化，但同时让部分学生陷入其中不能自拔。德国心理学家发表的一份研究报告指出：长时间在网上聊天或者玩网络游戏，容易导致持续性的心理问题。这个心理问题，就是“网络成瘾”。

青少年学生在网瘾群体中占很大比例。

这些学生整天沉迷于网络，上课精神恍惚、无精打采，家庭作业很少按时完成，课堂回答问题答非所问。有的严重时还会出现头昏眼花、双手颤抖、紧张焦虑、疲乏无力等症状。网瘾一旦发作便难以忍受，会不顾一切、不择手段地达到上网的目的。

一、经典案例

网络的兴起和普及让越来越多的学生沉迷于其中，作为教师应该积极运用各种措施来挽救学生，将沉迷于网吧的学生拉回来，让他们的心回到课堂。那么，怎么“拉”呢？也许从某小学陈老师的教育案例中，能找到借鉴的方法。

“陈老师，救救我们家小雨吧！”一名年近七旬的老人以哀求的声音向陈老师说道。

“老人家，怎么回事？您慢慢说。”陈老师搀扶老人坐下。

“我孙子叫小雨，他妈妈去世得早，父亲长年在外地工作，所以小雨一直跟着我。最近一段时间，这孩子迷上了网络，整天泡在网吧打游戏。我也说过他，老师也一直教育他，但都没有用，这孩子还是不停地旷课、逃课，甚至偷家里的手机和钱去上网，连着好几天都不回家。你说这可怎么办好啊？”说到伤心处，老人不由得流下了眼泪。

“老人家，您别着急，您孙子是在我们学校吗？”

“没有，他在另一所小学。我听说您对教育有网瘾的学生比较有经验，所以想转到你们班里。老师，您就救救我孙子吧，不然他就完了！”说着，老人又激动地站了起来。

“好，您放心，我会尽量帮您的。这样吧，我去学校反映一下小雨的情况，尽快把小雨转过来，好吗？”

“那可太谢谢您了，陈老师！”

之后，通过陈老师的努力，小雨转到了他所在的班级。而在小雨转来班级之前，陈老师和全班同学就达成了一致意见，不管发生什么情况，都不能讥讽和嘲笑小雨；同学要主动接近他，多关心和爱护他，让小雨体会到来自老师和同学的温暖。所以，当小雨来到班里后，大家都对他非常关心、照顾，有不会做的作业，同学主动上前教他，下课后拉他一起玩耍。与此同时，陈老师也经常找小雨聊天，询问他学习和生活情况。在老师和同学的关心爱护下，小雨渐渐抬起了头，他基本上没再逃过课，常常和同学在一起写作业、聊天，去网吧的次数明显少了。

而在学校给予小雨关心照顾之时，陈老师也没有放弃家庭对他的教育。他告诉小雨的爷爷，要想戒除孩子的网瘾，不能下猛药，要给孩子以信任和尊重。因此，当小雨有时提出上网打游戏的要求时，爷爷都很痛快地答应了，但要小雨先完成作业，并保证“在规定的1个小时或2个小时内回家，男子汉说话算话”。重理讲情的家庭教育如春雨般滋润着小雨的心田，而小雨也很遵守诺言，每次都会在规定的时间内按时回家，控制自己的上网时间。

在家庭与学校的帮助下，小雨对于网络的依赖感越来越小，只是偶尔去网吧玩一玩，而且时间都很短。就在这时，陈老师发现了小雨身上的闪光点——爱画画，而且画得非常不错。于是，身为美术老师的陈老师邀请小雨到自己家中看画，向他讲解美术常识，并请小雨对老师的画作提出鉴赏意见。

在老师鼓励和赞许的目光中，小雨说：“原来，我也是有长处的啊！”

“当然了，每个人都有自己的长处和短处，如果你喜欢可以经常到老师这里画画、欣赏画，怎么样？”

“真的吗？我愿意来。”

经过一段时间的矫治，小雨完全安心学习了，不再沉迷于网吧。他还对陈老师说，自己将来考大学要报考计算机专业，说：“电脑游戏曾经害苦了我，以后我要认真学习掌握计算机技术，要真真正正地学会正确运用网络。”

二、案例解析

旷课、逃学，偷手机、偷钱，只为了到网吧玩游戏，小雨对网络的痴迷确实不轻！为了挽救沉迷于网络的小雨，年近七旬的爷爷为他东奔西跑，找到了陈老师，孩子是祖国的未来，而教育学生更是老师的责任。因此陈老师毅然说服学校，将小雨转到了自己班里。

在以前的学校，小雨因为痴迷网络受到过老师的训斥、遭受过同学异样的眼光，所以这就造成了他更加远离学校，躲到网络这个谁都看不见的虚拟世界。在网上，他可以想怎么样就怎么样，而且没有人管他、嘲笑他，自由自在地畅游在网络世界里。正是基于这个认识，陈老师在小雨来班里之前，就和全班同学商量好了，多给予小雨关心和爱护，用爱心去融化他那颗冰冷的心，让他感受到班集体的温暖，体会到作为班集体一员的快乐。

当小雨来到新的班级后，立刻体验到了与以前学校不同的氛围，这里的老师亲切、温和，经常跟他聊天，同学也都主动接近他、帮助他，这让小雨戒备的心理渐渐放松，逐渐融入班集体的大家庭。再加上爷爷对他的信任，小雨上网的次数逐渐减少。而最终让他彻底远离网络的，是陈老师让他发现了自己也有独特的一面——画画。小雨变得越来越自信了，不再旷课、逃学，重新将精力投入学习中，并且将来还要报考计算机专业。

小雨从痴迷于网络到学会正确对待网络，这个变化让教师和家长感到欣喜。而在学校里还有更多像小雨一样的学生网迷，对此教师责任重大，需要不断地、积极地寻找各种措施来挽救这些迷失于网络中的学生。

三、具体成因

互联网的出现正在改变人们传统的生活方式，对现代社会，特别是对青少年学生的发展产生了巨大的冲击。网络在带来便利的同时，让青少年学生沉迷其中，对其身心造成了很大的影响。那么，为什么学生会如此迷恋网络呢？

1. 自身心理发展规律原因

学生阶段是个体交往需要非常强烈的时期。此时，学生的自我意识、独立欲望、自尊心都明显增强，内心世界不愿轻易向他人袒露，在心理发展上呈现出“闭锁性”的特点。除非找到“知心朋友”，否则他们宁愿“痛苦”也不愿敞开心扉。而网络则可以填补这项空白，通过互发电子邮件或聊天、在线游戏等方式进行交往，可以向对方隐瞒真实身份、年龄甚至性别等，使交往双方避开了在现实中面对面的压力，从而可以畅所欲言，既宣泄了因心理闭锁而产生的“烦恼”，也满足了交友的心理需要。

学生随着自我意识、独立性与自尊心的增强，对周围的人和事较为敏感，情绪体验具有极端性和不稳定性。他们往往为了表现得更为“深沉”而将更多的兴奋和愤怒隐藏于内心深处，而在网络上他们可以尽情挥洒快乐、毫无顾忌地宣泄愤怒，以缓解自己的情绪压力。

另外，学生正处于性意识从萌芽到日渐明确和成熟的阶段，他们对性的理解具有模糊性，时常被“性意识”和“性冲动”所困扰，再加上当前获得正确性知识和性教育的渠道不通畅，而网络却能满足学生在这方面的强烈好奇心。

2. 学校原因

升学、竞赛等都令学生在心理上承受很大的压力，紧迫意识、危机意识明显增强。这些压力极大地束缚了他们自由天性的发展。他们需要缓解和释放，但是社会、家长、学校的高要求使他们平时不敢也没有机会有所表达，所以只好借助网络尽情释放心理压力。

虽然在大力提倡“素质教育、课程改革”，但是各种宣传和认识并不到位。在教育活动中，青少年仍时刻扮演着“成人的角色”，他们实际过着一种对他们来说是虚无缥缈的“成人生活”。在教育活动中，他们丰富多彩的娱乐生活消失了，他们被物化为一种工具，一个“知识的容器”。他们在受教育中难以体验到青少年本身的生活乐趣，每天除了书本，就是作业，除了学习，还是学习，根本就谈不上兴趣和爱好。而网络这一新奇有趣的新事物乘虚而入，轻易地占据了学生心理上的这块真空地带。

虽然现在很多学校都开设了信息技术教育课，但是这门课仅仅是教学生学习计算机的基本使用方法，以及文字处理、电子表格等一些入门的知识。没有统一的教材、没有统一的教学要求、没有专业的师资队伍。教学方法陈旧、内容枯燥、设备落后、更新缓慢。学校没能将机房建设成学生浏览信息、搜集资料、开阔视野的地方。学生在学校信息教育课上享受不到在家里或者网吧里上网的乐趣。

3. 家庭影响

现在有许多家庭都已经有了电脑，如果父母整天沉溺在网络之中，对孩子的生活、学习不闻不问，那么孩子每天在这样的环境中成长，缺少亲情、缺少沟通，久而久之也会像父母那样整天沉迷于网络之中，交友、玩游戏……

还有的家长迫于生活的压力，整天忙于工作，四处奔波自顾不暇；有的家长则是对家庭教育理解偏差，或者水平不够，他们认为平时孩子要钱给钱，要物给物，只要满足孩子的要求就可以了，从不关心孩子的心理、生理方面的问题。这样，长期的家庭亲情交流、沟通的缺失，终于将学生推向网络的深渊，他们认为网络、网友比自己的父母更亲近，逐步形成了对网络的心理依赖。

还有些家长把电脑搬回了家，自己却对电脑一窍不通，没有能力指导和监督孩子的上网情况，全凭孩子自主学习和操作。这样的家庭很容易出现“网络问题孩子”，因为有网络知识的父母更容易跟孩子沟通，也能够辅导孩子健康上网。

4. 社会影响

目前，国际打击网络不良资讯的协作体制不健全，打击网络不良资讯难度大，具有滞后性，造成网络不良资讯在网上泛滥成灾。加之学校周围有一些网吧的“黑心”老板，只顾赚钱不顾下一代的健康成长，设下连环套，诱惑学生上网，造成了学生对网络的痴迷。

学生网络成瘾的原因是多方面的，但社会原因却是造成其痴迷的最主要的因素。

总之，网络成瘾对学生有很大的危害，很多学生因为上网成瘾而荒废了学业，甚至改变了人生道路。有的深陷网络，欲罢不能；有的性格变异，甚至打骂父母；有的休学辍学，沉沦虚拟世界，甚至犯罪。深度上瘾的学生大多两眼呆滞、脊背弯曲、四肢干瘦，基本无法与人正常沟通，异常敏感暴躁，稍受刺激便大哭大闹、寻死觅活，甚至自残身体。这些学生上网成瘾后，作息昼夜颠倒，饮食不规律，视力受损，各项生理机能受到极大影响。

四、教育策略

对于学生上网成瘾问题，教师要重视学生的心理需求，以帮助他们摆脱心理困境。

造成学生网络成瘾的原因是心理上的，并不像传统上的药物成瘾是生理上的，所以不能仅仅采用严格控制的办法来限制学生上网，而应该从各方面满足学生的心理需求，转移他们对网络的依赖心理，这才是解决问题的最根本办法。那么，如何满足学生的心理需求呢？

1. 加强家、校联系，多与学生交流

现在很多家庭都有电脑，但懂电脑的家长却很少，有些家长甚至根本没有接触过电脑，更别说是上网了。因此，家长要想对学生上网进行有效监督，首先自己必须懂电脑。

老师要告诉家长多与孩子进行思想交流，了解他们浏览的主要网站，多关心他们在网上究竟做了些什么，及时了解孩子的心理，培养孩子学习的兴趣。要教育孩子充分利用网络资源有效帮助自己学习，要谨慎上网、拒绝色情、少玩网络游戏，以避免沉迷于网络。要帮助家长做好孩子网络的引路人，正确引导孩子上网。千万不要“谈网色变”，更不要当发现孩子沉迷于网络时便大声训斥。

2. 转移学生注意力，将学生的求知欲引向正确的轨道

老师应设法引导学生寻求正确的求知途径。从学生积极向上的心理特性出发，帮助其树立远大的目标，在各种实践活动中培养其高尚的情操，加强其自控能力。例如，学校可经常性地开展各种文化娱乐、体育竞赛活动，长期举办各种兴趣小组，针对学生的特长与兴趣，举办各种特色培训班，积极鼓励其参加社会实践活动和各种有益的夏令营、冬令营等。有意识地使学生的视线和精力投入更多有意义的活动，从而有效地避免学生被网络锁定。

3. 开展正常的性知识教育，消除学生对性的神秘感和性苦闷

老师与家长要密切配合，通过适当的方式，对学生进行一些性知识的教育讲解。对于学生在成长过程中出现的性生理现象和性困惑，切不可因觉得不便开口而敷衍了事。在性教育方面，学校应及时开设正式的性知识教育课，使学生对性有正确的认识，以消除他们对性的神秘感和性苦闷，以及对黄色网站的热衷。

4. 建立校园网，充分利用校园绿色网络

学校要开设好信息技术课，加强学生对信息技术和知识的学习，增强

网络是非辨别能力，使学生能够更好地利用网络为自身的学习和生活服务。

学校的机房要定时向学生开放，给学生一定上网的机会，让他们了解网络、利用网络资源。同时，要对学校网络系统进行有效监控，要让他们建立“自我保护意识”这道天然的屏障。要在学生刚接触网络或在对网络尚未成瘾的时候就进行网络防范教育，要用生活中的事例告诉学生：沉迷于网络对自我的发展是不利的。

对于沉迷于网络的学生，他们的个性、价值观、情商都受到了不同程度的影响。教师必须转变传统的教育观念和模式，应当给学生“网民”提供“影响”，多做“服务”和“引导”，而不是一味“说教”或“灌输”，要以学生发展为本，以其心理的健康为中心。指导学生正确认清网络和现实的区别，能自我管理，积极塑造健康的人格，能够充分利用网络，却不沉迷于网络。

5. 加强学生自身的心理品质与自制力

应让学生树立一个坚定的奋斗目标，以此为动力培养自己的控制力与忍耐力。加强自身情操的陶冶，对一些生活中的困惑，要积极与外部沟通，寻求父母、老师和朋友等外部支持。

如果学生特别想上网，可引导学生有意识地转移注意力，如找本书看、参加一些自己热爱的活动等。如不能立即戒掉网瘾，可逐步减少上网的次数与时间。上网时，应有意识地克服自己的好奇心和欲望，避免上黄色网站。这时，教师和家长要联合监督学生。

上网之前要让学生有目标，如花两分钟时间想一想上网究竟要干什么，把具体要完成的任务列在纸上。还要限定上网时间，看一看列在纸上的任务，用一分钟时间估计一下大概需要多长时间。假设估计要用40分钟，那么把小闹钟定到20分钟，到时候看看进展到哪里。这样长时间下来，学生就能有效控制上网时间了。

尽管网络对学生存在一定的危害，但教师完全没有必要“谈网色变”。在科学技术日新月异的今天，网络正以迅猛的势头深入生活的各个角落。如果学生望网生畏，恐惧新技术，那才是国家、社会、学校和家庭最大的危险。因此，教师要尽最大努力帮助学生从心理上减少对网络的依赖，对学生给予适当的指导和引导，使网络变害为利，成为学生发展道路上的有力“武器”。

针对暴力问题要以情突破

近年来，中小学校园暴力事件偶有发生。据调查，有3.2%的学生存在暴力倾向，2.9%的学生仰慕所谓的黑势力“老大”。他们表示，对欺负自己的人应该采取以牙还牙、以暴制暴的办法……这种现象不能不令人担忧。

这部分学生严重扰乱了学校的正常秩序，甚至影响到社会治安。虽然他们在学生总体人数中所占比例不高，但从学生的身心健康发展来看，需要教师深入探究其内在机制，找到他们缺乏道德评判标准的根源，找出改变其暴力倾向的有效方法与策略，帮助他们提高道德素质，改变其不良行为和心理，从而使他们成为讲文明、讲正气的好学生。

一、经典案例

太原某附属小学张老师自从工作以来一直担任班主任，在这期间遇到过一些有暴力问题的学生。对于这些令人头疼的学生，她从来不呵斥责骂，而是选择和风细雨的谈话方式与他们沟通。在她的眼里，每一位学生都是可爱的。她坚信只要老师播种一粒关爱的种子，学生就会在爱的浇灌下茁壮成长，结出丰硕的果实。

小刚是一个长得很可爱的小男生，眉清目秀，而且能说会道，非常招人喜欢。但就是这样一个看起来秀气可爱的学生，脾气却非常暴躁，经常在学校惹是生非，打架成了他的家常便饭。

一天早上，张老师正准备去班里带学生早读，班长急匆匆地跑过来说：“老师，小刚和小昌打架了。”

张老师快步跑向教室，发现小刚正举着凳子，怒视着小昌。她急忙上前一把将凳子从小刚手里抢下来，然后将两个人拉出了教室。

走廊里一时无语，两个学生仍怒视着。

“说吧，怎么回事？”

“老师，我只是不小心把他的书碰掉地上，他就打我。”小昌说。

“谁叫你没说对不起，碰掉东西又不道歉！”小刚回答。

就为这么点小事打起来了！张老师严肃地说道：“看看你们这脸，看看你们这脖子，都抓成什么样子了？有什么事不能商量啊，一定要打架？平时老师说过‘只要动手就是错’！”

两人低头不语。后来经过张老师的开导，双方态度都缓和下来，诚恳地互相道了歉，还握了握手。不一会儿，教室里就传出读书声。

下早读后，体育委员带着学生队伍去做早操，张老师打算回办公室，但还没走到门口，一个学生就向张老师跑来说：“老师，不好了，小刚又打架了。”什么？张老师有点不相信自己的耳朵，怎么又打架了？

张老师快步来到操场上，发现学生们已乱成一团，几个老师正在拉架，而那两个学生还在努力用脚踢对方。张老师急忙上前把小刚拉到一边，经过一番调解，总算平息了这场风波。

第二节课，张老师正在办公室忙着改作业，班长跑来说小刚又打架了，英语老师根本拦不住，还有人流血了。

天哪，这孩子怎么这么能打架啊！张老师头都大了。她放下手中的笔，急忙奔向教室。只见瘦小的英语老师正在拼命地拉着小刚，旁边的一个学生捂着头蹲在那儿。张老师的心里“咯噔”一下，她忙上前查看情况，还好只是擦破一点儿皮。

半天不到，连续打架三次，张老师有些生气了，她想给小刚的家长打电话沟通一下。这时，张老师发现小刚非常紧张地看着自己，全身还瑟瑟发抖。“你怎么了？生病了吗？”

“老师，你能不能不告诉我爸爸？他知道了一定会打我的，而且会往死里打。”小刚眼里涌着泪花，小声祈求着。

看着小刚可怜的样子，张老师起了怜爱之心。她轻轻地把小刚拉到跟前：“那好，老师先不打电话，你能来办公室和老师聊聊吗？”小刚轻轻点了点头。

经过聊天，张老师了解到小刚并不是故意去打人，只是控制不住自己的情绪，而且对他的父亲似乎非常恐惧。

小刚回到教室后，张老师拨通了小刚家长的电话，把情况大致说了一下，并告诉他们放学后要去他家家访。

通过这次家访，张老师了解了小刚家的情况。其父亲是事业单位的领导，对孩子的教育简单粗暴，孩子一犯错，就用打和骂来解决问题。其母亲是公司职员，工作比较忙，所以小刚平常都是由爷爷奶奶照顾。据他父母反映，小刚在家看电视从来不看动画片，只喜欢看一些带有凶杀色彩的影视剧、连环画。

了解情况后，张老师心中不免对小刚产生一丝怜爱。她把小刚找来，倾心交谈：“小刚，老师知道你有时候动手是有原因的，但是你要明白，不管多有道理，只要你动了手就是错。以后，如果再有什么事，老师希望你能忍耐一下，先来找老师，只要是你有道理，老师绝对会帮你的……”小刚点了点头。

之后，为了更好地帮助小刚纠正暴力行为，张老师经常到他家和他父母进行沟通。他的父母也后悔当初对小刚的教育方式过于粗暴。为了小刚，他母亲后来还把工作辞掉，在家做一个全职母亲。张老师也有意识地在学习上关心小刚，经常在放学后留他在办公室，让他做一些比较有趣味的习题，还耐心地与他谈心。

其实，小刚是一个很聪明的学生，只不过基础差了点。后来等他基本上能把句子写通顺之后，张老师便和他进行日记交流，让他把自己的想法变成文字。每一次张老师都很认真地看他的日记，并写上自己的看法，小刚只要一看到日记本上那些红色批注就特别开心。

后来，小刚的脾气有所收敛，尽管和同学还是会有摩擦，但脾气越来越好，打架的次数也少了。有几次还憋着一股劲来找张老师要求查明真相，后来经查实还真的是他有理，于是张老师批评了犯错误的同学，并在班里对小刚这种忍耐精神进行了表扬。事后张老师对他说：“小刚，今天你表现得很好！老师希望你能坚持下去。”

“老师，我会的！”小刚充满信心地保证。

小刚打架的次数越来越少，成绩也直线上升，为了表扬他，张老师安排他担任班里的劳动委员。当听说自己成为班干部的那一刻，小刚的脸上露出了灿烂的笑容。

二、案例解析

上述案例反映的是一种力量暴力。即当遇到冲突时，学生一般选择用武力来解决问题，身体有接触并伴有语言冲突，最后演变成打架斗殴。

虽然小刚只是打架问题，但如果任其发展，就会严重影响其身心健康发展，对他人、对社会造成危害。正是基于问题的严重性，张老师对小刚的暴力倾向非常重视。她首先进行了家访，因为通过跟小刚交流、沟通，张老师发现小刚的暴力行为与他的家庭教育有一定的关系。

经过家访张老师了解到，小刚的父亲常对小刚打骂，这让小刚学会了用武力解决问题的方法。小刚还常看一些暴力血腥的影视剧以及连环画，这更加重了他的暴力倾向。张老师知道，这样的学生，心灵比较脆弱，所以绝对不能斥责，否则会加重他的叛逆心理，导致更大的暴力事件发生。

张老师以理解和关怀的态度与小刚进行了沟通，让小刚感受到了老师对自己的信任和尊重。他没有辜负老师的信任和期望，用自己最大的努力来克制自己的情绪波动，一次，两次……小刚打架的次数少了，脾气不再像以前那样暴躁，同时学习成绩有了提升。

为了奖励小刚的改变，张老师又非常信任地让他担任劳动委员一职，相信他一定会做得更好，最终完全消除暴力习性，成为一名各方面都优秀的好学生。

学生虽然有暴力倾向，但他们也希望得到尊重。教师如果以理解、爱护、关怀之心对待学生，以信任、表扬、鼓励的方式调整学生的心态，定会收到良好的效果。

教师在教育有暴力倾向的学生时，可以施加必要的惩罚，但一定要注意惩罚的形式，千万不能使用过激的方法，如责骂、体罚等。这样很容易对学生造成不良的心理暗示，以为暴力是解决问题的最好办法，在今后处理事情时便更加依赖暴力。

三、具体成因

近年来，全国各地的一些中小学校园出现了以大欺小、恃强凌弱的现象。这对学生、学校及社会都造成了极大的危害。

1. 影响学校正常的学习秩序

校园存在的暴力问题严重影响了学校的正常教学秩序，班级的学习气氛也会受到影响，课堂纪律难以维持。经常受到暴力影响的学生整日生活在阴影中，学习成绩严重下降。

2. 影响学生身心的健康发展

校园暴力对学生的身心健康会造成深度摧残。受害者大多因为害怕而忍气吞声。在人格、性格上遭受巨大摧残，在心灵深处极易留下创伤和阴影，对其健康成长十分不利；对于施暴者，恃强凌弱屡屡得逞，会助长其称王称霸、恣意妄为的不良心态，并逐步发展到社会作案，滑向犯罪的深渊。所以，暴力心理对社会和自身都是一种潜在的危害。这种危害是深层次的，也是最令人担忧的。

校园本为一方净土，学生应该具有一颗童真的心灵，何以会出现暴力现象呢？

（*1*）心理发展不成熟。

中小学生正处于一个从幼年期向青春期过渡的阶段。他们虽然身体发育已日趋成熟，但心理状态仍然处于较低水平。他们的道德认知能力和道德评价水平较低，自控能力很差，有时不能抵制外界的诱惑，不易排解心理上的烦躁、压抑与冲动。

（*2*）人格特征上的障碍。

心理学研究表明，具有暴力攻击倾向或暴力行为的学生存在着不同程度的人格问题。人格障碍实质上是人格发展的内在不协调，是在没有智力障碍的情况下出现的情绪反应、动机和行为活动的异常。具有人格问题的学生往往过分敏感、多疑、缺乏人情味，在学校中常常顶撞教师，无法与同学友好相处，最终无法适应正常的学习和生活。

（*3*）心理健康水平低下。

有暴力倾向或暴力行为的学生心理健康水平往往低于一般学生，这些学生往往感情淡漠，甚至冷酷无情，好冲动，缺乏自制力，因而常与教师、同学，甚至与亲人发生激烈冲突。有的学生表现为以自我为中心，不服从师长管教，总认为自己的所作所为是理所当然的；有的学生则表现出不善于处理人际关系，难以融入集体生活；还有的学生承受挫折的能力极低，在遇到挫折或不满时，往往做出过激举动，这是产生攻击性行为的重要原因。

（4）家庭教育的误区。

不良的家庭环境、不正确的家庭教育方式，会对学生健康发展产生极大影响。一是“失教”，出现重养轻教、重智轻德、重物质满足轻思想教育的“三重三轻”倾向，即俗称的“溺爱式”教育；二是“失察”，即不重视孩子的心理变化，缺乏有效沟通，对孩子初期表露的不正常言行缺乏分析和引导；三是“失法”，即家教方法简单粗暴，或是歧视、冷漠孩子，使家教效果减弱乃至逆反；四是“失检”，即家长品行失检，直接长期误导孩子；五是“失控”，即由于单亲家庭及不健全、不稳定家庭的增多，造成家教真空或失控，容易使学生失去精神归宿，心理压抑甚至变态，以致行为紊乱。

（5）学校教育的偏差。

传统思想品德教育的内容、方法与模式僵化，远远落后于飞速发展的新形势。尤其是在市场经济条件下，学校原有法律教育的针对性、层次性和实用性明显不足，往往忽略学生的心理健康教育。对于差生或有劣迹的学生，没有进行足够细致的、耐心的说服教育工作，使学生脆弱的心理因缺乏疏导、安抚而出现逆反，以致走向沉沦。

（6）社会环境的影响。

社会环境是造成学生产生暴力倾向的一个极其重要的因素。一些不健康书刊、音像作品等，给学生提供了模仿对象；社会价值观的倾斜、“一切向钱看”的思想侵蚀着众多学生，使他们无心向学，不思进取；流行歌曲、摇滚乐声、电子游戏、歌舞厅、溜冰场，甚至麻将馆星罗棋布，深深地吸引着中小学生，他们把一切零花钱投入其中。当出现钱不够花而不敢向家长要时，便采取了勒索、抢劫低年级同学的办法攫取钱财以追寻进一步的享乐。

以上种种原因，导致校园暴力现象的猖獗，当然其中最重要的还是社会不良环境的影响。

四、教育策略

暴力倾向心理的产生与学校、家庭、社会都有很大的关系。作为教育前线的教师，应该怎样纠正这些学生的不良心理和行为，制止“以大欺小，恃强凌弱”现象的滋生蔓延呢？

1. 用爱搭建心灵桥梁

教师应配合学校利用班会、政治课进行法治、公德、修养等方面的常规教育，与学生进行“一对一”的谈话，用“爱”在师生之间搭建心灵之桥。

特级教师李镇西曾经说过，“心中有爱”，当是教师人格的制高点，只有登上这一制高点，教师才能做到“以爱育爱”。对于有暴力倾向的学生，教师一定要用关爱、尊重、真诚对待他们，坚持做到不歧视、不当众揭短、不粗暴训斥、不嘲讽、不变相体罚。这样才能打破他们的“心理防线”，让他们体会到教师的真爱，从而感激教师、尊敬教师，把教师当成知心朋友。

在关爱和尊重的同时，还要容忍他们的小错误。教师应明白，暴力倾向的转化不是一朝一夕就能完成的，这是一个思想反复斗争的过程，因此要给他们时间，多与他们交流，在他们有进步时多给予鼓励，在他们犯错误时要明确指出，但要讲究方法、方式。

2. 及时交流和沟通

学生的暴力倾向都有深层次的原因，要想解决问题最好多交流，以朋友的身份平等地与他们对话。

与这些有暴力倾向的学生进行交流应该是细致、深入、持久的，需要付出真诚和耐心，并且在沟通中经常换位思考，去感受和体会他们的喜怒哀乐。这样，在交流中能了解甚至发现引发他们暴力冲突的先兆，并且及时采取措施进行处理。

通过沟通交流可以使学生懂得如不及早消除这种行为极有可能演化为暴力犯罪，触犯法律。要让学生真正认识到什么是真、善、美，什么是勇敢，什么是正义。让他们懂得欺侮弱小并不是英雄的行为。

3. 尊重学生人格，帮助学生树立起自信心

对学生的教育，要建立在尊重他们人格的基础之上使之达到心理的和谐，要满腔热情，动之以情，晓之以理，促使他们转变、转化。这样能排除沟通障碍，使学生向老师敞开心扉，发自内心地接受老师的批评和教育。同时，要让他们确信老师和家长都在关注他们、爱护他们，让他们感受到爱的力量，从而使他们树立起面对新生活的信心。

4. 适时予以鼓励

世界上没有绝对的完人，也没有绝对一无是处的人。教育工作者常常因为“偏心”，只看到暴力学生身上的缺点，而忽略了他们的优点。无数事实证明，这些有暴力倾向的学生并非一无是处，他们一样有闪光之处。

每位教师都应该善于挖掘学生神奇的、无穷无尽的潜力，并能够发现这些有暴力倾向的学生最强的一面，并在此基础上进行适当的鼓励，定会收到良好的效果。

5. 锻炼学生对挫折的忍受性

挫折往往是产生攻击行为的关键原因，特别是那些他们认为专横、不公平或自我贬值的挫折。要引导学生培养承受挫折的能力，提高他们对挫折本身的分析与认识的能力，预防攻击行为的发生。

6. 了解家庭情况，对家长进行适当指导

有暴力倾向的学生总可以从家庭教育中找到根源。比如，有些学生因为家里宠溺过度，而养成了“小霸王”习性；有些学生则是因为长期生活在家长的暴力管教之下，产生了阴暗心理，变得脾气暴躁，抵抗情绪强烈，认为暴力是解决问题的唯一方法。

教师要多了解暴力学生的家庭情况，对家长进行适当指导，促使其改变不良教育方式，实施家校联合纠正学生暴力习性的方针。

学生有暴力行为，不管是什么原因造成的，都属于心理问题，而心理调适是一个长期的教育过程。教师在教育中要讲究技巧，切记不能讲空洞的大道理，更不能以暴制暴，以过激的方式来惩罚学生，而应与学生进行有效的心理沟通。多沟通、多交流、多关爱能有针对性地找出问题，

有效消除敌对情绪，改变学生暴力倾向的心理。

针对偷窃问题要与家长联手，教育学生自尊、自爱是关键

社会上各种不良影响也正在冲击着现在的青少年学生的健康发展。家庭教育和学校教育的不完善，以及社会上各种负面影响导致学生产生了各种不良心理和行为。在这种情况下，学生发生偷窃行为的频率也日益增加。但这种偷盗现象与社会上的偷窃犯罪是有所区别的。

成人的偷窃是在意识到有可能带来严重后果的情况下有计划地非法占有别人财物的行为，而中小学生的偷拿别人物品是一种无计划地占有别人物品的行为，他们很可能没有意识到这种现象所带来的严重后果。许多教师把学生偷东西简单地归于品行问题，其实学生偷东西更多的时候与心理问题有关。所以，教师要在保护其自尊心的前提下，从心理上给予积极引导，使之走上正途。

一、经典案例

某中学的郭老师遇到过各种各样的学生，那么郭老师是如何处理学生偷窃事件的呢？

有一天晚上，小琴急匆匆地跑到郭老师办公室，说自己新买的一条裙子丢了，而且她知道是谁偷的，因为她看见同寝室小英的床单下放着自己的裙子。郭老师听后让小琴先不要声张，晚自习后再处理这件事。

下了晚自习后，郭老师和小琴进了寝室，将寝室其他同学按床铺从里到外、从上到下的顺序，一个个单独叫到寝室里，打开箱子、手提袋，翻开床单，看是否有小琴的裙子。寝室里除小琴和小英外，还有六名同学。在抽查之前，郭老师就和小琴说好了，即使在小英的床单上查到了小琴的裙子，也要把剩余的同学全部查完，免得其他同学怀疑，让小英背上小偷的名声，一辈子都无法抬头做人。小英是第二个被叫进来的，进来后，

她的神情看起来有点紧张，但还是打开了箱子、手提袋，并翻开床单让郭老师和小琴检查，小琴在小英的床单下的几件衣服中找到了自己的裙子。小英见已被发现，脸瞬时涨得通红，羞愧难当地痛哭了起来。

但郭老师并没有严厉斥责小英，而是严肃地对她说“裙子在你的床上，事情已经很清楚了，这件事，我和小琴都会为你保密，就说裙子没有找到。但你自己一定要从这件事中吸取教训，控制自己的行为，不要再做出这样的事，否则，连我也无法帮你。”小英含着眼泪点头答应了。

然后，郭老师又将其他几位同学一个个叫进来进行了仔细的检查，最后召集全寝室的同学开了一个会。会上，郭老师说：“小琴的裙子这次没有找到，但通过这次清查，我相信寝室里不会再发生类似的事情。因为一方面大家会提高警惕，东西不会乱丢或乱放；另一方面即使有人做这样的事，那么以后也一定不会再做了。大家不要胡乱猜疑，这件事就到此为止，以后大家要互相关心，互相爱护。大家住在同一个寝室就像一个大家庭，每个同学都是这个大家庭中的一员。俗话说‘家和万事兴’，如果大家有一个良好的学习和生活环境，你们的学习就会进步，生活也会非常愉快。”

让人感动的是，郭老师并没有就此止步，而是继续关心小英。事后，郭老师经常找小英聊天，关心她的生活和学习情况。一次，一位同学替小英请假，说是她病了，郭老师赶紧到寝室看她，一摸她的额头，有点烫，郭老师立即带她到医院看病。在医院里，老师帮她挂号、取化验单、付款、取药，小英看了很受感动，握着老师的手说：“郭老师，您真好，您放心，我一定会改掉坏毛病，踏踏实实做人的。”

郭老师摸着她的头说：“老师相信你一定能够做到，只要你努力，一定会成为一个人人都喜欢的好女孩。”

这以后，郭老师和小英之间的距离日渐接近，小英有什么事总会主动跟郭老师说，郭老师也尽自己的能力帮她解决问题，并告诉她一些做人的道理。同时，郭老师还让其他同学主动跟小英搞好关系，使她走出阴影。

在后来的学习中，小英的进步很快，寝室里也再没有出现过偷盗现象。

二、案例解析

教师不仅限于传道、授业、解惑，不只是在教学中形成自己的教学风格，同时要重视学生的心理健康教育。而帮助学生建立健全心理的前提是，要让学生体验到教师的关爱，从而建立起互相信任的机制。所谓“亲其师，信其道”（《学记》乐正克），这样能对学生进行有效的心理引导。郭老师就是通过关爱学生，让学生逐渐消除不良行为的。

案例中，对于有不良偷窃行为的小英，郭老师在帮助她改正错误的同时注意保护她的自尊心，而且用一颗火热的心去温暖、感化小英那被灰尘污染的心灵。她不但没有斥责小英，轻视她，远离她，反而用更多的爱去关心她。试想哪个犯了错误的学生遇到这样的教师能不为之感动呢？又怎能不改正错误呢？

在实际教学中，有些教师往往把学生的偷窃行为视作道德品质恶劣，常常采取“搜身”“审讯”等方式找出偷窃者，然后公之于众，并给予严厉的处分。这样做其实很难从根本上解决偷窃问题，反而会使学生的心灵受到很大的伤害，极有可能做出更加恶劣的行为来。因此，教师在教育有偷窃行为的学生时，一定要注意以下问题。

1. 一定要谨慎

如果处理不当，可能会给学生带来巨大的伤害。一定要记住教师的出发点是为了保护和教育学生。在具体操作中没有百分之百的证据一定不要下结论，有时在短时间内解决不了问题，也绝不能允许出现类似翻学生书包或者搜身等不尊重学生人格的行为。

2. 从心理上去引导学生

对学生进行心理辅导，用关爱让学生从心理上克服这个毛病，引导学生正确认识这种行为是有害于己的。对一些平常缺少关爱的学生，教师要以加倍的关爱去感化，让他觉得犯这种错只是一时的糊涂，只是自己人生道路上的一个小插曲，不影响他向善的目标。犯错并不是可耻的事情，谁都有犯错的时候，只要能及时改正仍然是好学生。

3. 避免负面影响

制造正面的班级舆论是必要的，但是当一些学生的议论可能会伤害到当事学生时，教师就要做适当引导。同时，对犯错的学生要给予更多的关心和帮助，用自己的信任来感动学生，给犯错的学生一个改过的机会。

虽然学生犯了错误，但教师不能轻易否定学生，最重要的是让他们吸取教训，不再犯类似的错误。教师要给予他们一定的尊重，抓住契机，面向全体学生进行全面的心理辅导，让更多的学生受到心理健康教育。

三、具体成因

在一些学校里偶尔会发生这样的情况：一些学生的财物被其他学生偷偷拿走。这也就是通常所说的偷盗现象。一旦出现这种情况往往令教师很头疼，是什么原因让这些学生产生偷窃行为呢？

1. 生理因素

生理因素包括自动神经系统不平衡，内分泌的失调及体形上的畸形或功能上的缺陷。这些生理因素影响学生的心理健康发展，进而产生适应困难的现象，有些学生因此走上了偷窃的道路。

2. 心理因素

（*1*）不在乎的心理。有些学生认为偷书或偷车都不是偷，而是觉得这不过是使自己用书用车时方便一些而已，自己又没有将它变卖为钱财，怎么能称之为偷呢？

（*2*）享乐的心理。有些学生并不是因为需要财物而去偷窃，他们只是因为觉得好玩才去偷，他们乐于享受那种偷窃得手时的快感，当别人因为丢失财物焦急得到处寻找时，他们也会感到无比快乐，因而偷窃成为他们捉弄同学和朋友、寻找快乐的手段。

（*3*）追求刺激的心理。青少年学生都有争强好胜的心理，他们希望自己在同辈间受到肯定，于是在同学的挑衅下，为了享受那种前所未有的刺激感，以及满足自尊而走上偷窃道路。

（*4*）逆反的心理。学生自我表现意识较强，当他们感到自己不被老师、同学重视，或经常受到批评或不恰当的责骂时，便容易产生这种心理：你要我这样，我偏要那样。在这种思想的支配下，他们明知偷窃是不对的，却依然我行我素，误以为这样可以满足自己的控制感及安全感。

（*5*）妒忌、炫耀的心理。有些学生看到别的同学学习成绩优秀，或者经常看到其他同学拥有精美的物品，便希望自己也有让人羡慕的地方，或者常常将别人的优点看作是对自己的威胁，因而感到十分嫉妒、愤怒，于是就走上偷窃的道路。

（6）补偿心理。有些学生家庭条件不是很好，自己想要的学习用品或其他喜欢的东西经常得不到满足，于是当看到同学拥有这些东西时，就会产生偷窃心理，将同学的东西据为己有，补偿自己得不到这些东西的缺憾。也有些学生受外界诱惑，到网吧、KTV 等高消费场所玩，因为缺钱而偷窃。更有人认为别人拿了自己的东西，那自己也拿别人的东西补偿损失。

3. 家庭因素

父母是孩子的第一任老师，父母的言行举止对孩子的影响非常大。有些家长自己本身就品行不正，孩子自然有样学样；也有许多家长过分溺爱子女，督导不力；有些则是粗暴教育，严重摧残孩子的心灵；有些家长对子女只养不教或重养轻教，不过问孩子的思想和心理情况，对子女的教育不负责任，放任自流。这些家庭的孩子很容易发生偷窃的行为，甚至走上犯罪的道路。

4. 学校因素

学校教育也存在一定的消极影响。例如，学校道德教育偏重教条的灌输，忽视行为的实践；课程设计不当，学生在学业上缺乏成就感，以致课业适应困难；学校忽略法律常识教育；学校没有足够的活动空间和器材，或没有足以吸引学生的活动，使学生负面情绪无法宣泄；同辈朋友引诱，相互认同模仿等，这些都会让学生产生各种消极心理乃致采取消极行为。

5. 社会因素

社会上的一些不良风气误导学生的道德价值判断；大众传播媒体过于翔实地描写盗窃行为，无形中传授了偷窃技巧；正当休闲场所太少，而不正当场所的诱惑太多，令意志不坚的学生沉沦其中而走上偷盗的道路；学生受到社会上不良青少年的熏染，养成强悍、粗鲁、狡猾的性格，违反法律法规，靠偷窃来寻求刺激。

第一，从学生自身来说，如果第一次拿到别人的钱物之后没有得到应有的教育，就有可能产生一种不劳而获的喜悦和“成就感”，久而久之，就会形成一种坏习惯，容易走上犯罪的道路。

第二，偷窃行为对班级的影响非常大，个别学生可能会效仿，多数学生会缺乏安全感，班级凝聚力会受到很大挑战。

总之，我们一定要记住“小时偷针，大时偷金”的古训，教师一旦发现学生有偷窃的不良行为，要及时制止和教育，帮助其改正错误思想和行为。

四、教育策略

教师在了解学生偷窃的心理后，要积极寻找教育对策，帮助学生纠正不良习惯。那么，具体怎样纠正呢？

1. 感化教育学生

有些时候学生犯错的确是一时冲动，教师如果能挖掘学生心灵深处存在的美好，也许问题会不攻自破。比如，班里第一次出现这种情况时，教师可以向学生们讲一些类似“亡羊补牢”的故事，动之以情，晓之以理。通过教师的循循善诱，相信拿东西的学生事后经过思想斗争，会悄悄把东西放回原处。

2. 帮助学生培养羞耻心

有些学生偷拿别人物品时很可能没有意识到这是一种可耻的行为，教师在教育的时候不妨从这方面着手。从思想上对学生进行教育，严肃地向学生指出，不经过别人同意而拿别人物品是一种可耻的行为，引导和鼓励学生亲自归还物品并向同学道歉。心理学研究证明，羞耻心是克服消极因素、自觉抵制不良言行诱惑的一种精神力量，学生具备了羞耻心，不良行为就会慢慢改掉。

3. 对学生进行思想品德和行为习惯教育

学生出现偷窃行为，心理负担较重，担心被人发现，暴露后又担心教师责骂、同学讽刺。这时候，教师应该及时掌握学生的心理，辅以必要的疏导，使其尽快解除疑虑。教师可以晓之以理，讲述诚实为人的道理，强调诚实的可贵，指出偷窃的危害；还可以动之以情，用生动的故事感化学生，用殷切的言语启发学生，减轻学生的心理压力，使问题迎刃而解。

4. 教师要发挥示范作用

教师的言行举止对学生的影响是很大的，教师要做到言行一致，以高尚的师德、良好的个性品质教育学生，发挥“示范”作用，为学生树立“立身做人”的榜样，做到以德感人、以德服人、以德育人，促进学生提高觉悟，改正缺点，做一个品学兼优的学生。

5. 开展丰富多彩的集体活动

丰富多彩的集体活动可以让学生培养自己的兴趣爱好，如爬山、野外求生等，这些难忘的经历不但可以让学生找到生活的乐趣，从中证明自己的能力，同时还可以增强他们的集体意识，让他们能多为别人考虑，不再以自我为中心。

6. 设立班主任信箱

可尝试在班级设立班主任信箱，为学生排忧解难。在布置学生写周记时，可以不定期地让学生写“我的心里话”之类的内容，从而了解学生的心理。而对于有偷窃行为的学生，也可以通过心理疏导，找出其偷窃习惯形成的原因，以多方面的案例对学生进行教育，定期与其交谈，给予必要的指导和鼓励。

7. 加强与家长的密切沟通

当学生出现偷窃行为时，教师应及时与家长取得联系。一是家访，向家长如实反映学生的具体情况，同时了解该生的家庭情况、家庭教育方法，针对其生长环境找出问题的症结，争取家长的支持和配合。二是召开小型家长会，召集有此类行为的学生家长到校，共同商讨教育学生的方法和途径，必要时可共同学习有关家庭教育、心理健康教育的知识。此外，还可以利用家长来校接送学生、电话联系等方法与家长密切沟通。这样做，一方面能够双管齐下，共同教育，使学生在心理上感受到一种压力，认识到这种行为为家庭所不容，为学校所不许，为社会所不齿；另一方面，有利于提醒家长注意教育孩子的方法，培养孩子完善的人格。

8. 加强社会教育

教师与学校应定时与公安局、检察院、法院等部门联系，充分发掘各部门的力量，扎扎实实地在学生中开展普法教育，强化学生法律观念，把不良行为扼杀在萌芽状态，也可以组织学生学习基本的法律法规，可以请当地派出所的同志来作报告，讲述青少年犯罪情况和犯罪根源。

苏霍姆林斯基曾经说过：“使儿童懂得因为自己是生活在人群之中的，所以自己的行为要有界限，要学会支配和控制自己的欲望，这应是儿童道德识字课本里的第一页的第一行。”由此可见教育的重要性。作为教育工作者，教师要多观察学生，及时发现和制止学生的不良行为，进行教育疏导和心理辅导，让学生朝着健康、诚实的心灵之路不断迈进。

针对叛逆问题要给学生发泄的渠道，培养他们平和的心态

学生的逆反心理是在一定的外界因素刺激下，对某类事物或者人物产生了厌恶、反感的情绪，并在这种情绪驱动下表现出的与事物发展之常理背道而驰的言行。其主要特点为“你要我这样，我就偏那样”“你越不准我做的事，我就越要去做”——具有明显的“对抗”“抵触”情绪。大部分处于青春期的学生都有这种心理。

虽然作为一种反常心理，出现逆反心理的后果是比较严重的，会导致学生出现多疑、冷漠、偏执、不合群等不健康心态，进一步发展还有可能转化为犯罪心理。

教师针对这类学生要采取适当而有效的方法，使学生叛逆的心理尽快恢复到正常的心理状态。

一、经典案例

某小学的陆老师是一位善于处理学生逆反心理问题的好老师。

扬威是陆老师班上的一名男学生，是从外校新转过来的。别看扬威刚来学校没几天，却让许多任课老师大伤脑筋。

扬威不仅人如其名，在学校里耀武扬威，而且脾气倔犟，不管老师怎么批评、责备，他都不听，甚至歪着脑袋，一副无所谓的样子。如果老师批评严重了，他还会摔课本，甚至还会和老师顶撞，说一些难听的话。一句话，就是老师越反对的事，他就越“积极”地去做。

有一次，隔壁班的一位老师发现扬威在教室里吸烟，就进来制止他。没想到，扬威连头也不抬，就把对方顶回去了：“你又不是我的老师，凭什么管我？”

那位老师耐心地说：“同学，我这是为你好！吸烟有害健康，难道你不知道吗？”

“知道又怎么样？我伤害的又不是你？”说着，扬威猛地吸了一大口，又把烟吐出来，透过烟圈得意地看着那位老师。

“你……”看着扬威那挑衅的样子，那位老师气得说不出话来。

“我怎么样？是不是想说我‘朽木不可雕’‘烂泥糊不上墙’啊？你们老师就知道这样教训人，也不换个新鲜词！”

看扬威根本不为自己的劝说所动，那位老师生气地走了，而扬威则看着他的背影，又吐出一个大烟圈，“哈哈”地笑了。

还有一次上数学课，老师在黑板上出习题，忽然听到下面有人在窃窃私语，虽然声音不大，但是因为当时学生们都在看书，很安静，所以老师听到了。

原来扬威前面的女生小雨的后背上不知道被谁贴了张写有“我是乌龟”的字条，正被后面的同学偷偷取笑。

因为小雨座位在扬威前面，数学老师立刻就把怀疑对象锁定在了扬威身上：“扬威，这是不是你干的？”

扬威马上反驳道：“老师，你别血口喷人！你调查过了吗，就认定是我？”

“你在小雨的后面，再加上你本来就喜欢搞恶作剧。”数学老师虽然被扬威抢白了几句，但还是认定了是他。

“凭这两点就为我定罪？老师，你也太武断了！坐小雨后面的同学多了，有十几号人，你怎么不怀疑他们呢？喜欢搞恶作剧就一定往小雨后背贴纸条吗？哼！我不服气！”

“你不服，那你说是谁弄的？你说出来。就证明不是你弄的。”

“调查这种事情，是你们老师的责任！请你不要推卸责任！”扬威态度强硬地说。

“可协助老师调查也是你作为学生的义务。”数学老师生气地说。

“哼！那你先调查好了。”说着，本来站着的扬威一下子坐下了。

“你站起来。我让你坐下了吗？”看到扬威如此不把自己放在眼里，数学老师更加生气了。

“哟！你们这些老师是不是就喜欢找我麻烦啊？我就坐下了，你能怎么办？是不是想让我请家长，或者罚我写*100*遍数学题啊？无所谓！反正我不怕！”扬威瞪了一眼数学老师。

“你……”

“呵呵！老师，我奉劝你一句，还是先干点正事，调查一下谁给小雨贴的字条吧。”扬威撇了撇嘴，冷笑着说。

这一席话把数学老师气坏了，那节课就此结束了。

后来这两件事情相继被陆老师知道了。

陆老师有点难以置信，因为从外表上看，扬威虽然调皮点，但是还不至于是个浑身是刺的“小刺猬”、谁惹炸谁的“炸弹”啊！

于是，她就开始留心观察这个“特殊”的学生。

终于，陆老师明白了：扬威只不过是个进入青春期的男孩子，犯了和许多同龄人一样的毛病，就是难以让自己从青春期的逆反心理中跳脱出来。

而他之所以喜欢顶撞老师，是因为他以前所在学校的老师，经常因为一点小错误，就让他请家长，或者罚他抄作业，尤其是他的数学老师，更是因为他成绩不好而经常批评他。就这样，在老师的批评声中，扬威本来就倔犟的性格形成了逆反心理。

在了解了扬威的情况后，陆老师决定帮助他调适叛逆的心理。

机会终于来了。

有一天，扬威又因为犯错误被老师批评了。那节课后，正好是课间操。于是，气不过的扬威趁其他同学不在教室，把讲台上的粉笔摔了个粉碎。

这一切刚好被陆老师看到了。

上课后，陆老师故意像刚发现碎粉笔似的，惊奇地说："咦！怎么今天的粉笔"粉身碎骨"了呀！唉！不知道谁下手这么狠？"

说着，陆老师偷偷瞄了眼扬威。他正装作若无其事的样子等着老师发脾气呢。

"好了，不管他了。上课要紧！扬威同学，你能帮老师去拿盒粉笔吗？"说完，陆老师还在转身的同时，装作不经意地说了声"谢谢"。

好久没听老师这么客气地和自己说话了。扬威很快就站起来，答应着"好的"。

不一会儿，扬威就小跑着把粉笔拿回来了。

"扬威跑步的速度真快！这次我向体育老师推荐你参加市里举行的跑步比赛去，你愿意吗？"

"老师，你也认为我跑得快啊！呵呵，我去的话，肯定拿名次。"

接着，陆老师开始讲课了，而那节课扬威听得格外认真。

中午放学后，陆老师刚要回家，突然发现扬威正站在办公室门口呢。

"扬威同学，你找老师有事吗？"陆老师猜测扬威可能认错来了。

"老师，今天的粉笔是我摔碎的。我错了！"扬威满脸通红地说道。

"我当时看见了。"陆老师轻描淡写地说。

"可是，你为什么不直接骂我？"

"我想你可能真有委屈、真有怨气要发泄吧！否则，你犯不着这样做啊！再说，我不是让你'负荆请罪'了吗？"

"谢谢老师！其实，今天发脾气也是我的错。因为生那个老师的气，就故意没完成作业。"

"自从我以前的数学老师总是批评我之后，我就特别讨厌老师，甚至连他们教的课也讨厌。"扬威又对陆老师说。

"扬威，这就是你的不对了。作业又不是给老师写的，你干吗为了和老师赌气而不完成自己的作业呢？”

“老师，我错了。以后，我不这样了！”

“知错就好，关键是要改错。老师相信你。”说着，陆老师伸出了自己的手，扬威也赶紧伸出手来，与老师的手重重地击打了一下。

果然，从那以后，扬威的脾气收敛了许多，就连其他老师都说“扬威这孩子好像变了个人”。

二、案例解析

青春期的逆反心理，是学生为了维护自尊而采取的，与对方所提出的、而自己认为不合理的或者难以接受的要求截然相反的态度和言行。

通常所认为的学生“不听话”“不受教”，常与教育者“顶牛”“对着干”的表现，就是因为他们意图以此反常心理来显示自己的“高明”“非凡”，或者借反常表现来表达自己的不满与反抗。

著名教育学家加里宁说：“当青少年的自尊与诉求被忽视的时候，他们就会想尽办法去吸引别人的注意，或者用特殊的方式讨回自己的尊严。”他说的青少年的特殊方式就是在逆反心理驱动下做出的举动。

“逆反心理”与西方心理学上的“违谬”“心理感应抗拒”有些相通，但又不尽相同，因为它是集正确逆反与错误逆反于一体，逆反与认同相伴行的复杂心理现象。这从扬威的言行中可以略知一二。扬威自己知道老师不让自己吸烟的劝阻是正确的，他也知道数学老师批评自己不完成作业是正确的，但是他却仍然违背自己的意愿与他们对着干。因为这从“本质”上与扬威一定要与教师作对的想法是相符合的。扬威之所以对这些为自己好的教师有抵触情绪，在很大程度上是因为他以前的老师对他的不公正态度，以及教育他时所采取的粗暴方式有关。

教育家赞可夫在《和教师的谈话》中说过：“请你不要忘记，孩子们受到不公平的待遇，特别是这种待遇来自一个亲近的人的时候，他的痛苦心情会在心灵里留下一个长久的痕迹。”正因为如此，扬威才把对以前数学老师的怨恨与不满发泄到了其他老师身上。可以说，扬威对那位有着粗暴教育方式的老师有讨厌之心、逆反之感，是可以理解的。因为这个老师不明白学生也是有自尊的，也是应该被尊重的。

这个道理，那位老师不懂，但是不被尊重的扬威懂，把扬威教育好的陆老师懂。所以，面对同一个扬威，两位老师采取了截然相反的处理态度，也收到了截然不同的教育效果。

即便学生有逆反心理，但是只要教师能够依据学生的心理特点，能够找出学生逆反的原因，就能有效地消除学生的逆反心理。

三、具体成因

逆反心理，作为青春期学生常见的异常心理，其形成原因非常复杂、烦琐，需要广大教师深入研究此阶段的学生心理及行为表现，再综合其家庭背景与所处的社会环境，做出结论。那么，具体说来，引发学生逆反心理的因素都有哪些呢？

1. 青春期特点的影响

逆反心理是刚刚进入青春期的学生萌发独立意识、自我意识的一种表现。青春期的学生，面对紧张的学业、升学的压力及难以处理的人际关系，自然会有不正常的心理反应。这种心理特征之一就是逆反心理。

（1）生理原因。

进入青春期后，学生的大脑发育越来越健全，思维机能也越来越发达。这使得学生的思维深度与广度比以前提高了很多，已经能够独立评判一些事物。在此阶段，很多复杂的思维形式，包括逆向思维开始形成，并且已经表现在学生的日常言行中了。

但是他们的社会经验与阅历都较为欠缺，思维运用也不成熟，因此对外界事物难免会产生一些偏激、片面的见解。加之他们的自尊心、虚荣心又非常强，于是就不允许别人轻易否定或者忽略自己好不容易形成的思维成果，甚至把这种否定与忽略看作是对自己尊严的挑衅与蔑视。于是，他们对家长与教师的管教，尤其是他们所认为的不公正的管教，就产生了强烈的逆反心理及行为。

（2）心理原因。

进入青春期，青少年学生逐渐有了自我意识，开始慢慢地意识到自己是一个独立的个体，于是在思想上就不愿意再依赖他人，产生了一种追求思想独立、人格独立的心理需求，即他们希望自己有一个与众不同的思想来表明自己人格的独立。

当他们突然发现自己长久以来遵循的规则、规范都是成年人制定的，而他们只有执行的义务，没有更改或反抗的权利时，便觉得难以接受。他们心中那种反抗传统规则、突破禁忌的冲动即便被家长或者教师的“强权”暂时压制下去，但压抑在心里的情绪无处发泄。因此，在没有找到合适有效的渠道与家长、教师沟通或者自我宣泄时，就会在某一个时刻因一件事情最终爆发，演变成逆反的行为，转化为与父母、教师的直接对抗。

2. 家庭因素

家庭环境的影响对于成长中的青少年学生具有特殊意义。因为他们在家庭生活中受到父母的熏陶与影响。

（1）过多的关照与要求。

有些父母因为给予了孩子过多的照顾，所以在学习成绩上就相应地对孩子提出了过高的要求，以致超过了孩子所能容忍的底线。对孩子来说，这种关照与要求已经演变为一种被强加的难以忍受的压力。这种无形的压力不仅很容易激发他们无谓的烦恼，同时抑制了他们的独立性与完整个性的健康发展。而当他们意识到这种压力是“阻碍”自己成长的绊脚石时，就产生了逆反心理。

（2）简单粗暴的教育方式。

家长提出要求时，如果方式不恰当，过于强硬、蛮横，也会引起孩子的逆反心理。有些家长向孩子提要求时，总是以居高临下、简单粗暴的命令方式，甚至以打骂的方式使孩子屈服，不给孩子丝毫的自主空间。随着孩子自我意识的不断增强，他们就会逐渐反感、抵触这种教育方式，甚至以同样的方式来对待别人。

（3）不良的家庭环境。

父母关系不和谐也可以导致孩子产生逆反心理。父母长期的分歧、敌对、争吵，会使孩子产生严重的焦虑、多疑、烦躁等不良心理，这些不良心理表现在言行上，就是处处与他人作对的逆反性行为。

3. 学校教育因素

（1）教学方法不合理。

有的教师不懂得因材施教而是“满堂灌”“一刀切”，这使得学生每天都在重复“上学——读书——作业”的单调生活。时间一长，一些学生就会厌烦，甚至丧失学习信心，认为自己不管多努力都不可能学得更好。当这种消极情绪占了上风，如果教师不能适时地加以引导，学生就非常容易产生与该教师敌对的情绪。

（2）教师的不公平待遇。

教师在教育教学过程中对一些人与事的不公正处理，也会引发学生的逆反心理。比如，某些教师偏爱优等生，即便这样的学生犯了错误也会轻易地原谅他们，即使批评他们也会和颜悦色；而当后进生犯了错误，教师就会大声训斥，于是，这些后进生就会不喜欢甚至讨厌这个教师，当这个教师上课时，他们不仅不认真听讲，还故意捣乱，与教师作对。即便他们知道自己这样与教师作对是不应该、不正确的，他们仍然不能在感情上接受该教师，仍然会抵触这位教师。

（3）教师自身的言行不一。

教师教育学生社会道德行为准则，通常有口头讲解与实际行动两种。但是有些教师却说一套、做一套，出现言行不一致的矛盾情况。他们的这种行为，不仅很难教育学生，还会降低自身的威信，令学生反感，同时令学生对其宣传的思想、信息产生逆反心理。

4. 社会因素

随着商品经济的发展，当前社会的主流价值观渐渐地发生了变化，逐渐转为强调自我，张扬个性。当前的许多小说、影视、服饰等被贴上了“个性”“自我”的标签。而叛逆这个原本带有贬低意味的词汇，已经成为青少年眼中的褒义词，成为学生渴望具有的特性。

学生正处于生理和心理的特殊阶段，在当今社会某些舆论的影响下，他们不愿意做内省的思考，也不会轻易改变自己的观点和看法。

赞可夫认为，逆反心理在一定程度上是青春期学生思维活跃、自立自主意识增强的表现。但是尽管如此，它毕竟是一种不健康的反常心理。如果每个学生的言行都受逆反心理支配，那么时间一长，就会对什么事都看不惯，对什么人都抵触，最终严重妨碍他们的成长与发展。

教师一定要对学生的逆反心理和行为予以高度重视，及时帮助有逆反心理的学生进行纠正与辅导，使之尽快调整自己的心态，回到健康成长的轨道上来。

四、教育策略

逆反心理的发生具有普遍性，也因原因复杂而具有特殊性。教师在调整学生逆反心理时，应该具有针对性，可以根据引发该生逆反心理的主客观原因和学生的心理特征、个性特点，采取对症下药的辅导方式。

1. 了解学生，因材施教

了解学生是教育学生的前提条件，教师首先要从家长及同学那里了解有逆反心理学生的基本情况，仔细分析产生逆反心理的学生的过去和现在的表现，以及形成逆反心理的原因等。然后，有意识地亲近他们，给他们真诚的关心与爱护。

所谓“精诚所至，金石为开”，教师有一颗热爱学生的心，能更好地获得学生对自己的信赖，那时学生的心灵之门自然会敞开。

2. 尊重学生

每个人都有强烈的自尊心，都不允许自己的自尊心受到他人的伤害。学生自然也有自己不容别人打击的自信心，甚至比成年人更为强烈。自尊心和自信心是学生进步的动力，而逆反心理是自尊心的一种畸形表现。因此，教师要尊重学生的人格，培养他们的自尊心和自信心。

教师在日常教学中，要特别注意发现、寻找学生身上的积极因素，并且抓住这些“闪光点”及时表扬他们好的思想和行为，激发其自爱之心。尊重学生是教师自身素质的一种体现，同时可以给学生一个改过自新的机会。对于有逆反心理的学生，教师不能一味地批评、训斥，批评与训斥有可能扼杀学生的创造力。

3. 给予学生宽容的爱

宽容是处理人际关系的一种美德，是教师与学生维持良好关系的艺术。在一定条件下，教师的宽容可以达到严格要求时不能实现的效果。

面对学生的逆反，教师的训责呵斥固然能让学生认识到自己的错误，但是他们却不一定会听从，甚至有会因为反感教师的教育方式而故意与教师作对，而宽容却是一种以柔克刚的教育方法。面对有逆反心理的学生犯下的错误，教师可以视具体情况，对学生宽容一点。这样，学生就会感受到教师这种特殊的爱，从而努力减弱甚至消除自身的逆反心理。

4. 以情动人

希望得到教师的爱护是学生普遍的心理要求。教师爱抚地摸一下头，或者深情地望一眼，学生都会认为这是对自己的鼓励与期望。教师要以真挚的情感、良好的情绪，用“爱”的暖流去接近有逆反心理的学生，让他们体会到教师给予他的“爱”，并在这种爱的感召下，唤醒学生沉睡的心灵。

在具体执行时，教师应该与学生进行推心置腹的交谈。针对具体情况，向学生讲明道理与道德规范，使他们逐步分清是非善恶、美丑荣辱，提高认识，并自觉运用到行动中去。当学生真正懂得，教师的“责之严”是因为对自己的“爱之深”时，他们就会自动打消逆反情绪与心理。

5. 以理服人

正面引导就是教师对学生的思想问题进行正面的疏导，力求通过调动学生接受教育的内驱力，用积极因素克服消极因素。

教师要针对有逆反心理学生的实际情况，首先用摆事实，讲道理的方法，耐心地对其进行疏导教育，帮助他们认清是非，提高认识，然后再具体指出前进的目标。做学生思想工作时，要坚持以理服人，即便学生一时转不过弯儿，固执己见，坚持错误看法，教师也不要急躁，要耐心地教育和等待，甚至可以给他们一段时间去消化教师讲的道理。当学生想通之后，自然会转变。

总之，教育有逆反心理的学生时，教师要讲究艺术与技巧，要因人而异采取适当的教育方法，利用自己的教育机智达到理想的教育效果。

针对离家出走要用师爱的阳光照亮他们的心

近年来，学生离家出走已成为一个令人关注的社会现象。这不单纯是教育问题和社会问题，同时是心理问题。

中小学阶段，是学生成长发育的高峰期，也是心理发展的重大转折期。这个时期的学生因为身体迅速发育而强烈要求独立，又因为心理发展得相对缓慢而保持儿童似的依赖性。他们在这种相互矛盾的心理状态中挣扎，难免会出现很多的心理问题。他们承受挫折的能力和心理防御机制还不成熟，于是面对挫折时，就采取了消极的逃避行为——离家出走。而这正是一种心理问题的表现方式。

作为教育工作者，不仅要教学，更要培养学生健全的心理、完善的人格和良好的社会适应能力，这是避免学生离家出走的根本办法。

一、经典案例

学生离家出走给学校教育带来了很大的难题。教师应该如何面对离家出走的学生呢？某高中优秀班主任肖老师是这样做的。

春玲是肖老师班里的一名女生，由于是独生女，从小被父母视为“掌上明珠”，溺爱娇惯，要什么给什么，这就养成了她骄横任性的性格。春玲每天只知道吃喝玩乐，一味地讲究打扮，无心学习，老师经常找她谈话也无济于事。后来，她还与一些社会闲散人员混在一起，整天在外面玩，旷课逃学。无奈之下，肖老师进行了家访。

对于春玲在学校的一些行为，整天忙于工作的父母竟然全不知情。肖老师的家访才让他们意识到了问题的严重性，于是当春玲放学回家后，对她大骂一通，并声称如果春玲再不悔改就不认她这个女儿。父母本以为这样一来，女儿就会认错，改过自新，没想到第二天，春玲便拿了几百块钱离家出走了。

这下父母可急坏了，连忙给肖老师打电话，肖老师听完电话后马上询问班里的其他同学。但由于春玲平时太任性骄横，人缘不太好，很少有同学跟她来往，大家也不知道她平时都去哪里，最后只好到网吧、火车站等地方去寻找，但连续两天都没有找到。

到底去哪里了呢？身为班主任，肖老师非常着急，生怕她在外边被坏人欺负。就在大家为找不到春玲而焦头烂额时，她却自己回到了学校。

“老师，我……”看到肖老师，春玲心虚地低下了头，等着老师的训斥。

但让春玲意外的是，肖老师并没有责怪她，而是温和地拍了拍她的肩，让她坐下，然后问道：“告诉父母你已经回到学校了吗？”

“没有，我不想告诉他们！”

“为什么？”

“他们说不认我这个女儿了，我为什么还要告诉他们？”

“那只不过是气话，哪有父母不爱自己孩子的？你知道这些天，你父母多着急吗？为了找你，你妈妈都急病了。”

听到这儿，春玲有些动容，肖老师趁机劝道：“打个电话给你父母好吗？让他们放心。”说着，把电话递到春玲的手上。

春玲犹豫地接过去拨通了电话。当她的父母听到女儿的声音后，都激动得哭了，并迅速来到了学校。

肖老师让春玲先回宿舍休息，然后与她的父母进行了交谈。

肖老师告诉他们，对孩子不能过于溺爱娇惯，否则容易造成孩子性格缺陷，心理承受力差，遇到一点挫折就会以极端的方式来处理，如离家出走。爱孩子要适当，该给的给，不该给的就要严厉拒绝，并讲出理由；当孩子犯了错误更不应该用粗暴的手段来教育，这样不但于事无补，还会起到反作用，这次离家出走就是一个例子。

听了肖老师的话，春玲的父母感到很惭愧，一再表示听老师的话，不会再溺爱孩子，会尽量多与孩子沟通、交流，改变孩子任性的性格。

与此同时，肖老师在学校也给予了春玲更多的关怀和帮助。当发现春玲在唱歌上有天赋的时候，就积极鼓励她去参加班级、学校的歌唱比赛，以及一些文艺表演。这让春玲兴奋不已，于是将更多的时间放在了学校，不再逃学。在学习上，肖老师联合其他老师，尽量多给春玲回答问题的机会，让她体验到学习的乐趣。此外，肖老师还让同学主动接近春玲，帮她解决学习上的困难，和她一起探讨功课。

经过一段时间的努力，春玲的情绪渐渐稳定下来。她留在学校的时间越来越多，上课经常主动回答问题，下课后和同学们一起说笑、玩耍，学习成绩也有了很大的提高，再也没表现出离家出走的迹象。

二、案例解析

春玲之所以离家出走，最主要原因是父母的教育方式有问题。父母过于溺爱孩子，总认为是独生女，所以对她小时候的蛮横不以为意，觉得孩子任性一点没什么关系，于是一切都顺着她，由着她，尽量满足她，从而使春玲养成了骄横任性的性格，稍向不顺心就会发脾气，并最终导致她离家出走。

父母爱子女是天性，但如果掌握不好分寸，就会成为溺爱。教育家马卡连柯曾说过："一味地抱着慈悲心肠为儿女牺牲一切的父母，可以说是最坏的教育者。"溺爱造成了春玲不稳定的性格，所以当她的父母一反常态，对她的不良行为进行训斥后，她马上选择了离家出走这种极端的对抗方式。

虽然春玲的行为让人生气、恼火，但是在春玲主动回到学校的那一刻，肖老师并没有对她的行为进行指责，而是用温和的态度和话语让春玲那颗充满戒备的心放松下来，然后再经过交谈了解原因，寻找对策。

在了解原因后，又和春玲的父母进行了深谈，促使其改变教育方式，最后再通过老师和同学的关爱，让春玲逐渐将精力转到学习上。

中小学生由于人生观、价值观和世界观极不成熟，所以往往会感情用事。实际上这是他们对现实生活的一种逃避和反抗。面对这样的学生，应积极寻找问题的根源，与家长联系配合，携起手来，形成教育合力，促进学生健康成长。

三、具体成因

学生离家出走是学校老师及家长最为担心的事情。离家出走很容易使学生沾染一些社会不良习气，个别的还会堕落，甚至走上犯罪的道路。那么，是什么原因让这些学生选择离家出走呢？

从总体上来看，这是由于他们尚处于身心未成熟期，无法正确对待挫折、无法正确把握自己，企图逃避过错责任且身心压力无以解脱所致。它的发生，既有家庭、学校、社会的外部影响，又有其自身心理缺陷、个性偏执、人格障碍等内部原因。具体归纳起来，主要有如下内容。

1. 家庭因素

家庭是学生最重要的生活场所。家庭的经济状况，父母的思想、性格、教育方式，家庭成员之间的关系等均会影响学生心理发展的方向及水平。

（*1*）家长的溺爱。家长的溺爱容易使孩子形成自私自负的性格，产生“以我为中心”的畸形心理，非但有碍于独立能力的提高，更不利于挫折承受能力的培养。一旦遇到的挫折和失败，难免会心理失衡，行为偏激，以致离家出走。

（*2*）缺少有效沟通。由于不少父母忙于工作，对孩子的关心大多只限于饮食起居，最多也只是节假日带他们出去玩。有的则习惯于以物质的给予或剥夺来体现所有褒奖或责罚，特别是孩子在家时间短，与父母沟通少，导致两代人之间冲突不断，形成所谓的“代沟”。这在离异或单亲家庭中表现得更为明显。

（*3*）过度体罚。有的父母对孩子控制过严，存在“棍棒之下出孝子”的错误教育观念，教育方法简单粗暴，使孩子不堪忍受，从而离家出走。

（*4*）家庭矛盾。家庭教育学理论认为，家庭的分裂、父母与子女的关系恶化，这是学生离家出走的主要原因。比如，父母有酗酒、吵架等不良习惯等。在这样的家庭环境中，学生亲情淡薄，缺乏家庭情感，常常会与父母发生冲突，相互之间缺少理解。

2. 学校因素

有些学校领导和教师在教学过程中，往往注重学生文化知识的学习，忽视学生学习过程中的心理健康问题。一些学校片面追求升学率，采取按学习成绩分班、考试排名次，用难题、偏题、怪题等训练学生，其结果是挫伤了不少学生的学习积极性，使他们缺乏信心、自暴自弃；有的教师教育措施失当，不恰当的惩罚伤害了学生的自尊心；有的班主任处事不公，对待后进生缺乏爱心，甚至讽刺挖苦、变相体罚等。学校生活中的这些因素都可能成为引发学生离家出走的导火索。

3. 社会因素

随着社会传媒的现代化，社会因素对中学生心理健康的影响日益加大，社会不良思潮和文化的影响，政治、经济生活中的不健康因素都可能给中学生的心理带来巨大冲击。

（1）新事物的出现。一些自控能力较差的学生在网络世界迷失了自己。一些学生痴迷于游戏、上网聊天，荒废学习。一旦欲望得不到满足，他们便不辞而别，寻求更加自由的空间。

（2）传媒影响。电视、录像、光碟、报刊等媒体不健康内容的误导和渲染，使少数学生对所谓“自由自在”的生活产生畸形追求心理，从而产生冒险出走的念头。

（3）他人唆使。如今，由于学生接触社会的渠道增多，一些不法之徒诱导教唆学生离家出走的案件时有发生。除以“交笔友”“介绍工作”为名进行欺骗之外，利用网络唆使学生离家出走的现象在日益增多。

（4）拜金心理。学生通过各种信息渠道接受了大量信息后，一部分人会对读书不感兴趣，做什么事都向“钱”看，以至于不顾一切、变得盲目，产生离家出走闯天下的想法。

（5）盲目从众心理。当媒体披露因片面追求升学率造成一些学生压力太大而离家出走的消息后，有的学生就加以效仿，以为是解脱的好方法。“从众”本是一种正常心理，但若盲目从众，将有百害而无一利。

4. 自身因素

（1）心理承受能力差。

从学生自身来说，离家出走与心理脆弱和无责任感密不可分。现在大多数学生都是独生子女，很多家长对孩子实行包办代替，孩子如同温室中的幼苗，经不住任何风吹雨打，心理承受能力非常差。本来一句不经意的话，一个不起眼的动作，一个无意的眼神，却被这些孩子看得很重，动不动就离家出走。

离家出走其实是一些学生为逃避惩罚，摆脱责任的表现。有的学生由于习惯了家长的一味迁就，如果老师和家长稍微没顾及自己，就认为失了体面，便以出走相威胁；有的学生在学习和生活中遇到一点小麻烦，就企图以离家出走摆脱困境；有的学生犯了错误就觉得没面子，没有承认错误和改正错误的勇气，干脆离家出走逃避责任。

（2）自身的个性障碍。

心理学理论认为，离家出走在于本人的个性障碍。有些学生有一种喜欢出走、游荡、大胆冒险的心理癖好，是出于对玩乐和无拘束的渴望，加上缺乏家庭意识和家庭亲密感等。出走是他们消极性格的表现。

（3）心理不健康。

离家出走的学生往往有这样那样的心理缺陷，要么性格内向，要么精神紧张，要么行为乖戾……类似的心理问题都会在不定的时间突然爆发出来。

学生离家出走已成为一个社会问题。这个问题是由各种因素造成的，但其中关系最大的还是家庭因素。老师在教育离家出走的学生时，要积极与家长联系，让家庭配合学校工作，这样能更加有效地调整离家出走的学生的心理，防止此类事件的再次发生。

四、教育策略

学生离家出走不管是对自己、对家庭还是对学校来说，都是一个很大的问题。学生离家出走后，容易受到社会不法分子的威逼利诱导致堕落，有的甚至会走上犯罪的道路。教师要多方面增强措施，以防止学生离家出走行为的发生。

1. 关爱每个学生

学校或教师教育方法不当是学生离家出走的原因之一。如果教师在处理学生问题时态度生硬，方法简单粗暴，对学生讽刺挖苦，或者赶出教室、停课检查，打骂学生或者借助家长的威力来慑服学生，强制转学或退学……那么这些做法都会损伤学生的自尊心，使他们产生对教师的不满和不信任，从而萌发摆脱这种环境的心理要求，导致离家出走。

教师要关爱每一个学生，树立良好的师生关系，要不断了解学生、尊重学生、主动帮助学生排忧解难，真正做学生的良师益友、心理医生。当发现学生有出走的迹象或学生离家出走返校后，不要采取责骂、惩罚的方式，而要对学生付出更多的关爱，动之以情，晓之以理，关心体贴，对学生的缺点和错误进行全面分析，耐心说服，以打消其离家出走的念头。

2. 督促家长转变教育观念和方式

父母是子女的第一任老师，而且也是最长久的老师。家庭教育对子女性格、习惯的养成起着非常重要的作用。家庭环境恶劣，家教方法简单粗暴是学生离家出走主要的原因之一。

家庭是社会的细胞，是孩子健康成长的摇篮。家长要关心子女的内心世界，要为孩子创设一个和谐愉快的生活学习环境。父母深切的爱，能使孩子的聪明才智得到充分发挥，优良个性得以形成。打骂子女、强制子女服从自己的意志会影响孩子与父母之间的感情，会让孩子感觉不到家庭的温暖。为了孩子的身心健康，父母应该给他们创造一个宽松、温馨、民主、上进的气氛，多一点理解和关爱，少一点斥责、打骂。这样，有益于孩子的健康成长，避免离家出走的现象发生。

3. 帮助学生端正学习态度，改进学习方法

学习上有困难，对学习没有兴趣，是学生离家出走的另一主要原因。离家出走的学生往往学习不好，不仅基础差，没有良好的学习习惯和正确的学习方法，而且缺乏刻苦学习的精神，普遍厌学。他们往往认为学习太苦了，是出力不讨好的差事，是招家长打骂、教师批评、同学看不起的根源。离家出走就成了他们逃避学习的一种手段。

教师应该帮助学生端正学习态度、改进学习方法；要经常性地对学生进行方法指导，激发他们学习的兴趣，使他们由厌学变为乐学；还要从学生的实际出发，区别对待，因材施教，分层次教学，帮助学生补齐

欠缺的知识，逐步提高成绩，树立其学好功课的信心。

4. 培养学生判断是非的能力

要让学生正确理解家长、教师的意图，明白家长和教师对他们的期望，要教育学生运用正确的方法表达自己的意见，遇事冷静思考，不要意气用事。班主任可以利用主题班会等，对学生进行正面教育，提高他们明辨是非的能力，学会正确处理问题的能力，预防离家出走这类事件的发生。

5. 加强学生心理素质教育

学生心理素质的高低与他们的心理健康水平有着极大的关系。教师的教育要着眼于学生心理素质的提高和心理承受能力的增强。

现在的学生在物质条件日益充裕的情况下，对挫折的承受力非常脆弱，教师应让学生认识到经受挫折是现实生活中的正常现象，是不可避免的，关键在于怎样正确对待挫折，并对挫折做好充分的心理准备。教师应教会学生在挫折产生时，辩证地分析不尽如人意之处，在比较中认识挫折，既要看到挫折不好的一面，亦要看到其好的一面。还要引导学生合理释放不良的情绪，理智地面对现实困难。

6. 满足学生独立需要

由于思维水平的提高，学生不再盲目地依赖和服从教师，他们开始对教师评头论足，尤其是高中生，他们要求从教师那里获得更多的独立和尊重。如果教师过多地以否定、挑剔的态度看待学生的行为，不许学生这样、不许学生那样，就会使学生产生反感甚至不满。

教师在教育过程中，不应该以家长的作风和专横的态度去强制学生绝对服从自己的意志。应允许学生积极参与教学过程，鼓励他们对问题进行独立的思考，培养他们对不同思想和观念的理解与尊重，注重发展他们的批判精神和创造能力，使学生在健全美好的生活和学习中，获得全面发展。

7. 培养学生健康个性

教师应与家长密切配合，促进学生健康个性的发展。教师在教学中不能简单地以学习成绩来评价学生。一方面，要注重学生在学习上取得的进步，设立学习进步奖，并鼓励学生开展自己与自己的竞赛，激发学生的潜能；另一方面，还应从每个学生的才能、优点入手，开展如“这项，我第一”等活动，给学生展现自我的机会，让他们知道自己的长处，也知道别人的长处，使学生懂得“尺有所短，寸有所长”（《卜居》屈原）的道理，从而正确地评价自己，成为充满自信、积极进取的人。

8. 及时发现学生情绪和行为的异常

心理学研究表明，人的精神世界活动真正通过语言表达的只占30%左右，大部分是通过举手投足及面部表情反映的。一般来说，学生有了离家出走的念头，必然会在思想上引起激烈的斗争，心理上的尖锐冲突会在行为上呈现出某种异常。例如，举止反常，心神不定；窃窃私语，行为诡秘；神情紧张，焦虑不安等。教师在日常生活中要注意留心观察，善于从学生的行为举止、表情及眼神的变化中，发现学生情绪行为的异常，及时找学生谈心或进行家访，了解原因，对症下药，帮助学生解决心理问题，防患于未然。

学生离家出走不但给家长增加烦恼，给学校带来教育的困难，还会给社会带来不安定因素。学校应与家庭积极配合，让学生的心灵有一个维系点，体验到来自教师和家长的关爱，拥有一个健康的心理，这样能防止学生离家出走，从而创造和谐校园、和谐家庭乃至和谐社会。

针对情感困惑问题要敞开心扉，悉心教导

“早恋”这个词不能轻易地用在孩子们身上。我国有专家认为，所谓的“早恋”是指14岁以前的青少年在心理和行动上表现单恋、自恋，两性间相互恋、相互爱等现象。现实生活中，由于时代的发展，各种因素的影响，这个年龄段的部分孩子，无论是性生理和性心理上已经开始发育了，但这只是一种朦胧的意识，男女之间的那种亲密关系，只不过是儿时“青梅竹马”的简单延伸，根本不具备真正意义上的恋爱成分。

通常，可采用“喜欢”“好感”“交往甚密”等一类的中性词来叙述此类现象。

一、经典案例

我教过的一个女孩名叫小颜，一到四年级都是属于那类刻苦好学、积极参加各种课内外活动、综合素质很好的优秀学生。可到了五年级下学期开始，就与之前判若两人，整天若有所思，心不在焉。起初，我并未在意，以为是女孩子闹点小情绪，过几天就好了。可事情远没有我想的那样简单。我发现她经常一个人站在楼上的护栏边，极目远眺，神情非常忧郁。

转眼间，六年级到了。小颜一反常态，变得异常张扬，但绝不是昔日站在学校大型文艺演出台上做校金牌主持人的那种飞扬的风采，而是一种跋扈。她刻意将发型弄得新潮，总爱在发梢上别许多五彩缤纷的发卡或是夺目的发巾之类的；描眉，画眼线，抹口红；不穿校服了，穿一双红皮鞋，即使体育课也照穿不误。她把自己打扮得花枝招展，着装上发生了天翻地覆的变化，行为上也怪异了。她是校红领巾广播站的站长，可大队辅导员却经常找不到她，要么就是工作出问题。后来我发现，小颜一下课就往（4）班跑，放了学也和（4）班的两个女孩经常嘀嘀咕咕。我顺藤摸瓜，终于知道了小颜在五年级的时候就喜欢上了（4）班的苏起。可此时，小颜成绩早已一落千丈，我倍感惭愧……因为自己的粗心！

我先找小颜的父母沟通，向他们汇报小颜的种种变化。小颜的妈妈大吃一惊，觉得对女儿的教育太放松了，她妈妈认为女孩子长大了，爱漂亮很自然，随她自己打扮也可以锻炼她的独立审美能力，所以并没有把小颜着装变化放在心上。原来，外在的变化全来自于心理变化。我们商量好，让小颜的父母继续假装不知道。

接下来，我不动声色地带她去学校资料室，故意要她帮我找我需要的照片：全是每年她在学校举办的各类活动中主持的照片，有元旦、“六一”儿童节汇演的；有校童话节的，代表学校外出活动的；还有学校每周一主持晨会的……我想找照片的过程必定多多少少能引起她的触动，激发小颜的自豪感。另外，还号召全班同学观看她参加电视台拍的一个电视短剧，还有代表学校参加中央台少儿频道拍的短片，让她感觉到曾经的她是多么令同学敬佩！其实，到了这个时候她对各类活动已毫无兴趣，她的心思就花在如何关注苏起并引起苏起的注意上，叫她主持活动，她都是拒绝。

我开始了解苏起的情况。事实上，苏起是个不爱学习的男生，学习成绩不太好，尤其是语文。但苏起的确长得很帅，较时尚，这也许就是让小颜迷恋的地方吧。我想必须让小颜懂得什么时候才能言爱，才有资格谈爱。于是，我利用每周一的班队会，开展了各种各样以“爱”为主题的班队会。记得有一次班队会的主题是“什么样的人值得我们去爱”，主题是孩子们自己定的，活动方案也是自己设计的，主持人是班长，大队长，一位女生代表，一位男生代表 4 人组成。在主持人的提议下，女士优先，先由女生讨论自己会喜欢上什么样的男生，接着男孩子也说说自己的选择标准，答案很多，比是否愿意陪自己看动画片，但有两条还是大家一致通过的，一是对方要有真本领，有一技之长；二是要有责任心。课后，我悄悄做过采访，很多孩子还是知道什么人值得去爱，要等自己有了真本事才有资格言爱等。听了孩子们的观点，你不得不惊讶，现在的孩子可真是早熟啊。同学们的态度多少对小颜产生了影响。工作继续做，为了小颜，也为了班上其他孩子，我有目的地开展了多项专题活动。比如：解读生命丛书《趣味生殖奥妙》《Why？青春期》；人物沙龙——我心中的简爱；“假如我在荒岛上”的演讲；“我长大了”的作文竞赛；文明礼仪，从我做起；写巴金作品读后感；文学沙龙——雨果作品赏析；唐诗宋词大擂台；装扮我们的童话世界，迎接校首届童话节的教室布置，精彩童话我能写，童话剧我来演；好书推介会……

“润物细无声”（《春夜喜雨》杜甫）。有一天，我故意找小颜帮我干点活，就开始有一句没一句地跟她聊，我装着漫不经心的样子说：“老师昨晚上看了一个电视节目，就是叫人回忆自己少年时代那段青涩的感情。这让老师想起了自己初中一年级的一段情。那时我和你们差不多大，十二岁左右。按你们现在时髦的话语来说，就是我爱上了我的班主任老师。因为我每天都想看见他，巴不得所有的课都是他上；上课希望他总能注意我，但又那么害怕看到他的目光……事实上这哪叫爱呀，完全是崇拜。当初，在我眼里，他是那样的本领大，既能教语文、数学，还能教物理、化学，更厉害的是还会英语，甚至会弹吉他！要知道对我这个从小在山里长大的小姑娘来说，没见过世面，觉得他简直就是一个神，要不怎么能什么都会呢？人在不同的年龄段，欣赏的标准也会变。后来我念高中了，再看见他，心想‘他个子好矮啊！’再后来我参加工作了，又遇上他，当我看见他的那一刹那间，我为自己少女时代对他产生的所谓的‘爱’而暗自发笑。‘哪个少女不怀春’（《少年维特之烦恼》歌德）？其实有了这种感觉是很正常的，就看你自己如何去看待，化解……”

这种零距离的聊天，终于让小颜向我吐露了自己的心声：“我和苏起很早就在校外的周末补习班里认识。但在您的引导下，我一直都以学业为重。我对苏起的感觉来自于五年级上学期结束后的寒假。听苏起班的女同学梁莹告诉我，苏起很爱我。我听了以后，很兴奋，出于好奇，就开始注意他。一个假期的观察，我发现他真的有过人之处：字写得特别漂亮，数学学得也非常棒，体育又好，尤其是篮球和乒乓球。我十分爱看他灌篮的动作，干脆利落，很潇洒。我知道自己这是情人眼里出西施（事实也是这样，苏起的字可以算得上难看，数学成绩平平）。我发现自己开始喜欢他了，喜欢到我自己有时候都觉得很神经，不敢看他，不敢和他说话，总是从梁莹嘴里套出他的消息。我和苏起的沟通靠的都是他们班的梁莹和好朋友‘柯南’。甚至有时候一看到‘苏’字时，我就会想他。您在给我们上《安塞腰鼓》时，上到‘飞扬的流苏’时，我就心猿意马了，后面的课，您讲了什么我也不知道。黄老师还记得您问我‘干嘛天天穿这件黑毛衣？姑娘家，穿艳点，阳光！’我撒谎说黑的耐脏，其实是因为苏起喜欢周杰伦唱的《黑色毛衣》，我才舍不得换。因为他体育好，所以每次体育课跑步的时候，我觉得他就站在终点看着我，我跑起来的速度就快。

“我觉得我妈妈和您一样通情达理，所以我告诉过妈妈我喜欢另一个班的一位男生，但说得没这么细，我只是告诉妈妈这件事而已。妈妈说正常，相信我知道什么是最重要的。听了妈妈的话我不好意思，就冷静了好几天。可我过生日的时候，他托别人送给我一份礼物和一张贺卡，礼物很精致，是我很喜欢的卡通笔，卡片上用英文写着‘我喜欢你’。我又开始心浮气躁起来，又开始每天关注他。后来，他喜欢我的事被他的姨妈知道了，他姨妈狠批了他一通，我们就把这种感情埋藏起来。后来，圣诞节快到了，他又送我一张圣诞卡，虽然这次上面什么也没写，可还是又把我的情给撩起来了。于是，我写了两首诗给他，一首是中文，一首是简单的英文，但内容都很健康。我还叫别人转告他，我的英语很好，希望他也把英语学好，因为他的英语很差，我都恨不得自己亲自给他补英语。其实，我也很矛盾，我总在挣扎，还给他写过一封告白信呢，内容都是黄老师平常教育我们的话。他回了信，但很简单，上面只写着‘知道了，废话少说。’每次黄老师在班上开展的各种活动，还有平日里委婉提醒的话语，我都明白老师的良苦用心。老师总是说‘好鼓不用重捶’。今天我当着老师的面说开了，我也很轻松。我相信这一次是老师最后对我的引导，我会找苏起好好谈，我将彻底走出来，谢谢黄老师！请黄老师监督，欢迎全班同学监督！……”

小颜说她希望我不要声张，尤其是不要让她的妈妈知晓。她认为她妈妈虽好，但还是不如黄老师好沟通，也不想让妈妈担心，我答应了她。我还征得小颜的同意，让她和她的好朋友“柯南”两个人主持了一场感人的主题班队会“爱的萌芽”。我想，还有什么比她的现身说法更有影响力，更有说服力呢？当然，小颜本身就是个很有思想、综合素质优秀的女孩。一旦她解开了自己的心结，她就会奋勇向前了。

事情似乎到此结束了，其实不然。小颜恢复了从前的模样，但我清楚地知道她还没有完全走出来，还没有真正静下心来学。果然，不久后，我又发现她爱往（4）班跑，尽管她极力地躲着我。我想，总得有个过程吧，我不敢疏忽，依旧关注着她。彻底让她悔悟的是，期末考试小颜竟然语文、数学、英语三科都不及格，而苏起比她更惨。也许大家近一年的帮助教育起到了成效，小颜满脸惭愧地对我说：“黄老师，苏起怎么这么差，真让我瞧不起！我也从没考过这么差，真丢人！……”

我将著名教育家苏霍姆林斯基对进入青春期的女儿们说的一段话送给了小颜：走进春天，进入这样一个年龄阶段，你将是很幸福的，但是你必须是明智的，你才会是幸福的。

二、案例解析

这个故事反映的是进入青春期孩子的情感困惑问题。孩子的情感困惑问题就是被成人定义为所谓的“早恋”问题。进入青春期的孩子，情绪波动很大，容易走入感情的误区，不及时将孩子拉回到正确的生活轨道上来，会出现许多棘手的问题。如早孕、学业荒废等。故事中，班主任对小颜若不加以正确引导，让她独自彷徨、迷茫，很容易出现焦虑、郁闷、不安，更加善变、敏感，会愈来愈走向消极，不断的苦恼只会加速她的心理失去平衡从而影响学业，造成心理上、生理上更大的伤害。

三、具体成因

1. 家庭情感交流的缺乏

现在的孩子大都是独生子女，家境也比较好，父母又尽量满足物质方面的需求。大人们忙于各自的工作，使得孩子大多数闲暇时间要么看电视，要么玩电脑，缺乏和父母的沟通。父母也不主动跟孩子进行心理和感情上的交流。故事中，小颜的父母虽然都知书达理，但从“她妈妈认为女孩子长大了，爱漂亮很自然，随她自己打扮也可以锻炼她的独立审美能力，所以并没有把小颜服装上的变化放在心上”就可以看出他们与孩子之间的沟通欠缺，不能及时掌握女儿的心理动向。家长与孩子情感交流的缺乏，致使他们需要找个对象宣泄自己的情感，让这个对象成为自己感情上的寄托。于是，小颜就找了苏起这么一个对象，就有了小颜这么一个“爱情”故事了。

2. 青春期发育的必然

青少年处于身体性器官发育的关键时期，朦胧的性意识的产生是正常的。饮食结构的改变，家庭生活水平的提高等也造成了孩子们的提前发育。既然发育了，那就必然具备发育期间青春期产生的各种生理现象和心理现象。发育中的青少年开始关注自己的身体变化，开始注意异性并希望引起异性对自己的注意，对男女同学的频繁交往尤其敏感等。故事中，小颜听苏起班的女同学梁莹告诉她，苏起很爱她。她听了以后，很兴奋，出于好奇，就开始注意苏起。因此，“爱情”发生在小颜身上也就顺理成章了。

3. 社会环境的影响

书刊、电视、电影、网络等媒体中有不少渲染爱情或色情的内容，特别是许多不法分子为达到盈利的目的，不择手段，印刷传播黄色书刊，制造或放映黄色录像、影碟等，以迎合青少年猎奇、寻求刺激的心理。一些青少年学生被这些内容所吸引，有的达到了痴迷程度。

4. 同学间的不良影响

在一些学校中，会有一些学生看到身边的同学有了男（女）朋友，自己没有，就觉得很没面子。于是，千方百计也要找一个异性朋友。有的男女同学交往密切了点，一些同学便极力加以渲染和传播，这些举动恰恰起到了“推波助澜”的作用。

四、教育策略

1. 加强对孩子的心理辅导

处于青春期的孩子是最需要成人正确引导的，作为一名班主任就要肩负起这个责任，而要做到这一点首先要热爱孩子，要走进孩子的心灵，和孩子们一起看他们的世界，要成为孩子的知心朋友。这样就基本上可以创建了一种良好的师生关系。有了良好的师生关系，和孩子沟通就很容易，有利于随时对孩子进行心理疏导。一旦和孩子建立了良好的师生关系，就会得到孩子的信任。信任，是做好孩子思想工作的基础。故事中，正因为班主任和孩子们有了母子般、朋友般的关系，才有小颜和老师的促膝长谈。不要轻易去伤害处于青春期脆弱而又敏感的孩子，要用一颗平常心对待，循循善诱，小心呵护人间这最朦胧而又美好的情感；引导孩子们也正确看待并珍惜这种感觉，引导他们树立正确的、有价值的人生观。

2. 依托健康向上的各类活动，转移孩子们的注意力

开展丰富多彩、健康向上的活动，充实孩子们的课余文化生活，转移孩子们的注意力，使孩子们在开心的活动中体验成功、体验快乐，避免单调的学习生活带来的内心空虚，引导孩子们健康成长。故事中，及时引导孩子们体会各种各样的爱，就是让孩子们知道“爱”是十分令人向往的一种神圣美丽的感情；自然地向孩子们宣传青春期生理心理卫生常识，孩子们轻轻松松就消除了对青春期变化产生的各种神秘感，如小颜的现身说法等。这些都暗示着孩子们朝着健康的方向发展，形成了良好的积极向上的班风。

3. 帮助孩子找回自我，树立明确目标

孩子们一旦不小心暂时迷失了方向，要及时帮他们找回自己并引导孩子树立明确目标。比如，故事中召开的主题班队会，就让每个孩子有了明确的目标，必须是自己有了真正的本领后，才有资格再去言爱。每个孩子的个体差异是很大的，像故事中的小颜，本质就是个多愁善感、宽容大度、自信乐观、积极向上的小姑娘，她能在外界的帮助下清醒地意识到自己的思想动态，真的是相当明智。但若教师不及时引导，帮助她找回自我，让她重新定位，她有可能会变得孤僻，自制力更弱，可能深陷其中，难以自拔。

对待学生的情感问题，教师应该注意什么问题呢？

1. 千万不可道听途说

对于学生反映或传播的所谓的“早恋”问题，一定要调查清楚，做到心中有数，有的放矢。做到具体问题具体分析，对症下药。形成早恋的原因有很多种，像故事中的小颜，极大程度上是同学舆论的传播，这就要求教师要从健康的感情教育、自尊教育、正确的幸福观教育等去着手解决问题。

2. 要提前教育，预防为主

媒体不负责任的过度渲染及报道使孩子们处于不良信息的包围之中，如青春偶像剧、动画片中有许多类似情节都是低龄化，小学生极富模仿力，同时缺乏是非判断力，更易深受其害。所以提前教育，做好预防工作显得尤为重要。

3. 既要及时疏导，又要持之以恒

班主任在教育的过程中，一定要及早发现问题，及时进行心理疏导。情感的困扰不是一天两天的时间就能摆脱的，一定要持之以恒。班主任和小颜花了长达一年的时间一起走过来了，真的好辛苦，如果班主任面

对小颜的反反复复而中途放弃，那么小颜势必在错误的道路上越走越远。

师生交往技巧

一、教学中的师生沟通技巧

（一）教学中师生交往的方式

1. 课堂交往

（*1*）提问。

提问是师生课堂交往的主要手段，对培养学生的质疑能力和积极向上的学习心理有着极为重要的现实意义。提问的过程，从教师最初的提问引出学生最初的反应和回答，到最终教师对学生的回答予以分析和评价，充满了语言与非语言的沟通与交流。教师提问后可以从学生的眼神中了解问题的难易度，如果大多数学生的眼神是疑惑不解的，说明问题过难，超出了学生的理解范围；如果大多数学生将答案脱口而出，说明学生已经掌握这一内容或问题难度不够。教师在课堂教学中应适时提问，通过提问了解教学情况，主动调节教学，以获得良好的教学效果。

（*2*）讨论。

讨论是师生间、学生间双边或多边的互动过程。在讨论中，彼此交流信息与见解，有利于开拓学生眼界，提高其思维能力与表达能力。学生的学习能力存在差异，在讨论中，群体的智慧互相作用，相互启悟，产生群体思维效应，使每个学生都得到不同层次、不同程度的提高。教师既是讨论的组织者，也是讨论的参与者，在讨论中引导学生积极思考，鼓励学生大胆发言，促进学生主动性、主体意识的提高。

（*3*）个别指导。

个别指导可以让学生感觉到来自教师的理解与关爱，是行之有效的师生交往方式。由于课堂教学时间有限，这种交往方式应当是点到为止的，最好是利用课余时间。教师需要注意的是要依据学生的爱好与特长选择恰当的时机、营造宽松和谐、民主平等的有利于个性化学习的教学氛围，进行个别指导。

2. 课后交往

（1）课间交往。

课间休息时间是学生放松心情、自由活动的时间，也是师生沟通的好时机。教师在课间与学生谈心、聊天、参与学生的游戏，帮学生整理衣服，梳理头发等，不仅能拉近师生的距离，还能在谈话中获得一些教学反馈，从而更好地帮助教师改进教学。如果教师发现个别学生存在问题，可以通过课间谈话的方法，及时地发现问题、解决问题。当然，由于课间时间短暂，不要过多地占用学生的休息时间，避免引起学生的反感。

（2）作业交往。

作业也是师生交往的重要方式与途径。教师通过批阅作业，了解学生的学习情况、思想态度与价值观念等。同样，学生通过教师的评语或建议，能够了解教师对自己的评价，发现自己的不足，确立以后努力的方向和目标。而且教师对作业的二次批改或多次批改，能够帮助学生系统掌握知识，建立信心。

（3）书信交流。

书信是一种向特定对象传递信息、交流思想感情的应用文书。在教育学生时，如果教师和学生进行口头交流效果不太好，或者师生之间存在一些误会时，教师通过写信与学生进行交流是一个非常好的办法。书信是一种饱含诚意的交往方式，能充分地表达彼此的思想与愿望，收到“润物细无声”的教育效果。

（4）电话或短信沟通。

电话这种简便、快捷的通信设备正日益成为人们彼此沟通的重要工具，同时给师生交往架设了桥梁，教师可以通过打电话，了解学生学习、生活情况，或表达对学生的期望、要求，给学生以支持，拉近师生的距离。教师可以将全体学生和教师的电话号码打印出来分发，方便学生与教师、学生与学生之间的交流。

二、课堂中师生沟通的语言技巧

（一）导入语

导入语就是教师在讲课之前，围绕教学目标精心设计的一段简练的教学语言。成功的导入，犹如说书人的开演，虽然寥寥数语，但如金玉掷地，先声夺人。

1. 真情渲染

上课伊始，学生正处于蛰伏状态，如何掀起学生感情的波澜，促使学生进入最佳的学习状态，也是件让教师颇费脑筋的事情。心理学认为，人与人之间的信息传递与交流，需要在良好的心理认同和情感共振的基础上进行。少年儿童的内心世界是一片汹涌的海洋，他们渴望丰富的情感体验。教师首先应该导控学生的情感，用与授课内容一致的情感导语去感染学生，使学生为之感动，产生共鸣，激励学生进入良好的学习情景。

2. 制造悬念

教学是不断地引导学生生疑，不断解疑的过程。根据学生心理和教学内容设置疑问、制造悬念，给学生心理上造成一种强烈的渴求和探索，强化他们的期望、渴望心理，引发学生积极思维、动口、动手、动脑。导入中运用设置悬念的手段，引导学生自主地去发现问题、解决问题，从而提高学生“自主读书”的能力。

3. 矛盾引发式

由于学生知识积累的有限，以及认识理解能力的欠缺，他们对某些知识的了解和理解往往与课文内容存在明显的差异。对此，新课导入，教师可合理运用二者间的差异，创设矛盾，引发疑问，以激发学生的探究欲望，使其主动地从教师的授课中寻找答案。

4. 兴趣激发

动机，是促使学生自觉学习的内驱力，而兴趣是动机中最现实、最活跃的成分。通过简洁的语言，生动地描绘，把学生带入教学情境，给课堂教学创造出一种轻松活泼的学习气氛，使学生的心境处于愉悦舒畅的状态，有效地调动学生的学习动机，缩短师生心距，同时有助于强化所学知识。

5. 故事、谜语引入

利用与教学内容相联系的、生动有趣的谜语、故事、寓言、典故、趣味轶事来导入新课，可以帮助学生展开想象，丰富联想，使学生兴致勃勃地投入学习。实践证明，这种导入方式更能吸引学生的注意力，为接下去的授课做好铺垫。

6. 情景再现

这种方式比较适合语文课堂导入，因为语文课文有很强的思想性，带有作者的主观情感。运用语言，创造出一种生动感人的教学情境，营造与课堂教学一致的课堂教学氛围，可起到出奇制胜的效果。情景导入的语言要有真挚强烈的感情才富有感染力，才会激发学生情感，才能让学生身临其境、设身处地主动地去思考、认识、想象、发现、感悟，以达到愉快地获取知识、培养其能力的目的。

（二）过渡语

过渡语是指课堂教学中由一个问题向另一个问题过渡时所使用的言语。它是教师进行教学设计和实施教学方案中不可缺少的一个主要环节。

1. 承上启下

这是一种比较传统的过渡方式，教师依靠授课内容本身的前后连贯性，直接导入下面所要讲授的内容。这样的过渡语像一座桥，把已知的内容和未知的内容自然连接起来，干净利落，内容鲜明，入题迅速。

2. 突出重点

在整堂课的教学中，利用语言材料之间的联系，始终围绕重点、难点设计过渡语。通过联想、类比进行衔接串连，覆盖成篇，既使教学的一个个关键点得到强调，又使整个教学过程如行云流水一般自然、舒展。这类过渡语使用能使学生在回忆的基础上牢记所学过的知识，进而与新知识牵连对比学习，效果颇佳。

3. 穿针引线

抓住一条主线，将教学内容中各知识点串连起来，自然连贯，由浅入深，循序渐进。这种语言要风趣生动，化抽象为具体，化深奥为浅显，变枯燥为情趣盎然，使教学的不同环节浑然一体，学生也能深刻地理解讲授内容。

4. 各抒己见

过渡语由叙入议，激发学生的兴趣与主动性，把学生的思维波浪从一个知识点扩展到另一个知识点，迅速进入教学目的所需求的境界，为学习新知识进入最佳预备状态，同时能够激发出不同的思想火花。这样的过渡语不仅要有声有色，还要有情有意。

5. 话锋急转

这更加适合于历史课和语文课，依据历史事件和课文跌宕有致的故事情节，欲扬先抑，给学生造成一种紧张心理。而后话锋急转，说明事物的变化，给学生带来意想不到的惊喜，从而产生揭开这个迷的急切心情，以及展开对相关故事情节的探索。

6. 悬念激疑

设置悬念，引人入胜，使学生有想象空间，激发学生的求知欲望。这样的过渡语就像一块磁石，吸引学生的注意力，使学生情绪兴奋起来，对所学的内容充满浓厚的兴趣，产生迫切学习下文的心理需求，从而可以让整堂课都因之鲜活起来。

7. 问题叠生

通过一连串与所学知识紧密相关的问题创设，实现课堂教学内容的转换和课堂整体结构安排的衔接。这种过渡语方式引导学生思考，带着问题进入学习，在解决问题的过程中获取新知识。

（三）评价语

教师对评价语言运用得当，既可以让学生从中准确了解自己学习的状况，又可以激发学生的学习兴趣。

1. 夸奖赞扬

夸奖的话语，别说是孩子，就是大人听了也内心兴奋，激动不已。教师可以抓住有利时机，寓夸奖于评价之中。它可以激发学生课上积极思维、大胆发言，可以增加学生的自信心，可以促进师生间的情感交流，等等。

2. 真诚鼓励

不管是想上好课，还是想与学生建立良好的师生关系，真诚地鼓励、微笑、尊重是最重要的。教师可有意识地发挥评价的激励功能，最大限度地介入学生的成长过程。有时真诚的鼓励，由衷的表扬能影响学生的人生发展。不敢说真诚的鼓励能造就新的爱迪生、牛顿等人物，但至少适时、真诚的鼓励将激励优等生更上一层楼，能消除差生的自卑心理，增强其自信心，让学生拥有一个健康的人生。

3. 倾注期望

不难发现有这样的现象：学生做错事或是回答错问题，教师就会用言语的批评和严肃的目光对待学生；问题回答正确或做好事情，教师就会以言语的赞扬，笑脸相迎表扬学生。长此以往，学习差的学生会因屡次失败而失望，学习好的学生会因屡次表扬而沾沾自喜。虽然教师不可能要求每个学生都是优秀生，但必须使每个学生在自己的教育下能够得到充分发展。所以，教师必须善于捕捉每个学生的成功之处，挖掘每个学生的闪光点，倾注期望，巧妙地加以引导，灵活地加以提示。给学生成功的喜悦和动力，就能使他们在不断成功中逐步前进，保证学生的健康发展。

4. 趁热打铁

在他们做对事情的时候要立即给予肯定，及时加以表扬，这种做法尤其对于那些调皮的学生，收到的教育效果会更好。需注意的是评价语要准确恰当、溢满真诚之情，这对调节学生的积极性，得到学生的认可，起着很大作用。同时对学生的评价不能满足于正确，要以此为基础，逐步引导他们有更高的突破。

5. 协商探讨

现在的学生更加喜欢民主、谦和的教师，他们期望和教师建立平等和谐的关系，所以课堂评价言语要尽可能用协商探讨的语气，尊重每个学生的思想与人格，呵护学生自信的心灵，让学生感受到民主与平等，这样有利于双方的互动与交流。

6. 幽默风趣

无论在何处幽默风趣的人是受欢迎的，所以幽默风趣的教师也会受学生欢迎。这样的教师能给学生以亲切、平易近人的感觉，会拉近教师和学生之间的距离，形成良好的课堂氛围。

7. 点拨启发

有时学生会因为知识面和认识方面受限制，在回答问题时有可能概括不全或是思维偏离正确轨道，这时就需要教师的启发，帮助他们突破障碍与局限，获得新知识与新认识。启发性语言是衡量教师教学能力高低的主要标准之一。

（四）应变语

课堂教学中，师生双方难免遇到一些意料之外的情况，如师生观点有冲突、学生捣乱、突发事件等。

1. 扭转气氛

课堂气氛是课堂中的群体心理状态，良好的课堂气氛如果被破坏，教学必然受到很大的影响，因此要迅速加以扭转，摆脱消极沉闷或嘈杂的气氛，积极营造良好和愉悦的气氛。气氛的扭转等同于教师重新掌握了控制课堂的主动权。此时，教师需要说上一两句轻松、幽默的话，化解紧张气氛；捕捉值得肯定的一面予以认可，化敌为友缓冲对立；教态上从容沉稳，语气上不急不躁。

2. 将错就错

在日常的课堂教学中教师也会偶然地出现一些失误。面对失误，作为教师要实事求是地接受学生纠正错误。其实最好的应对办法是将错就错，分析错在哪里和出错的原因，以及如何避免出错，这样既可以把偶然的失误变成难得的纠错，也可以让自己避免尴尬。

3. 顺水推舟

师生在课堂交往中，有时学生会做一些扰乱课堂秩序的行为，从而打断正常的教学。面对这些，教师首先做到情绪沉着冷静，不急不躁，针对具体问题具体分析，先把影响控制在最小范围和最短时间内。然后在肯定其言行的基础上指出其行为的错误性，使学生主动认识错误，积极改正错误。

4. 有意转移

课堂上，有时一些调皮的学生会提出稀奇古怪的问题。有些问题是教师不便回答或不能回答的，使教师处于尴尬的境地。面对这种情况，教师可以以退为进把刁难的问题还给学生自己，也可以转移话题摆脱困境，化解自己的尴尬。

5. 旁敲侧击

一些学生常在课堂上做出一些不正当的言行举止，但他们自尊心又特别强，教师不能进行正面批评。这种情况教师可以抓住适当的机会，旁敲侧击点出他的错误，含蓄委婉地批评他的错误，使学生意会，改正错误。这样既不会中断教学，又不伤害学生自尊心或让其觉得难堪。但旁敲侧击时，教师要注意语态、语调，要诚恳、真挚，不能有讽刺、挖苦之意。

6. 自嘲解围

课堂上，教师难免有失言失态的时候，处理不当会有一定的负面影响。一些教师怕主动承认错误会很尴尬，所以会做出死要面子不认错的事情，这肯定会破坏自己在学生心目中的威信。明智的办法就是以轻松的心态看待失误，可以以轻松幽默的自嘲的方式为自己解围。

7. 随机应变

课堂中遇到一些意外现象时，如果能巧妙地利用这些现象借题发挥，将话题自然而然地引到课题上来，便能自然化解变故，消除不利干扰，使教学顺利回到教学轨道。例如，生物课上学生睡觉打呼噜，教师就可以给学生解释人打呼噜的原因以及可能存在的危险，同时点出课堂睡觉是不正确的，这不仅能引起学生的注意，还可以突显教师的知识渊博与宽容。

三、向学生传递同理心的技巧

同理心，亦称共感、共情，它指的是一个人所具有的体会不同情绪的能力。在这里具体指的是教师设身处地站在学生的角度来思考问题，并将自己共情、共感的结果反馈给学生，以传递自己充分理解学生的信息。

同理心的前提是专注于倾听，力求自己的语言与体态语言保持协调一致；同理心的关键是教师设身处地的“辨识”，即体会学生明确表达或隐晦表达的感觉、行为、经验；同理心的反馈要把握“简述语言”的原则，力求简洁、富有弹性或试探性，并让学生有修正、否定、解释、澄清及确认的机会；采用适当的表达同理心的开头语和词汇，如“你是不是觉得…”“你好像是说…”“所以，你才处在…”“我觉得你的意思并不是…”等。下面是几种表达同理心的方式。

（一）单纯将学生的感受回应给学生

一个从普通学校转来聋校的听障女生，由于在普通学校随班“混”读，家长对她的学习要求不高，老师对她也没有太多的关注。刚转来聋校的第一个月，老师、同学们都对她很热情、很关心。她一下子兴奋无比，每天忙着交新朋友。由于还没学会手语，她只能借助读唇和笔谈与其他同学沟通，但却全然不把学习放在心上。课堂上经常开小差，给其他同学写纸条交流感情，作业几乎每天都完不成，单元测验成绩极差。下面是教师运用同理心与其进行沟通谈话的内容。

老师：你新来到学校，觉得这里老师和同学们热情吗？

女生：很好，老师对我很热情，同学们对我也很友好。

老师：同学们都很欢迎你这个新朋友。你也很想认识很多新朋友吧？

女生：是的。

老师：到了一个新的环境，大家又对你这么好，觉得很新奇，很兴奋，是吧？

女生：是的。

老师：我理解你的心情，也替你感到高兴。但是如果为了交朋友的事，课堂上，不专心听讲，就会影响学习。这让老师很担心，这样会影响学习的。

老师：对在这里的课堂学习能适应吗？能听（看）懂老师的讲解吗？

女生：还可以。

老师：为什么放学后，不能按时完成家庭作业呢？有困难吗？

女生：（不好意思）作业很多呀，我看完电视，才写作业。还没写完，我就瞌睡了。

老师：哦，原来是这样啊。每天放学回到家，如果先完成作业，有空再看电视，不是更好吗？如果你能合理地安排好作息时间，相信对你的学习会有很大帮助。

女生：嗯。

老师：那好，如果有什么不懂的问题，就及时提出来，我会帮助你解决。希望你养成良好的学习习惯，老师期待着你的进步！

女生：谢谢老师！我会专心听讲的，我会按时完成作业的。

过了一段时间，这个女孩的学习状态有了很大的变化，课堂上积极发言，作业按时完成，学习成绩突飞猛进，从30多分提高到70多分、80多分。老师又找她谈话了，并送给她一个日记本，在日记本的扉页上写着：学习的过程是艰辛的，但成果是甜蜜的。

老师：这一段时间，每天要改变以前的习惯，坚持写完作业才睡觉，很辛苦吧？

女生：是啊。我好开心啊！

老师：你的进步很大啊，老师也为你高兴！开心吗？

女生：是的。

老师：老师要奖励给你一个精美的本子，送你一句话：学习的过程是艰辛的，但成果是甜蜜的。希望你继续努力，争取更大进步！

女生：老师，还从来没有老师对我这么好！我一定更加努力，一定！

（二）同理心的五个表达层次

同理心的五个表达层次，如图 *2-1*。

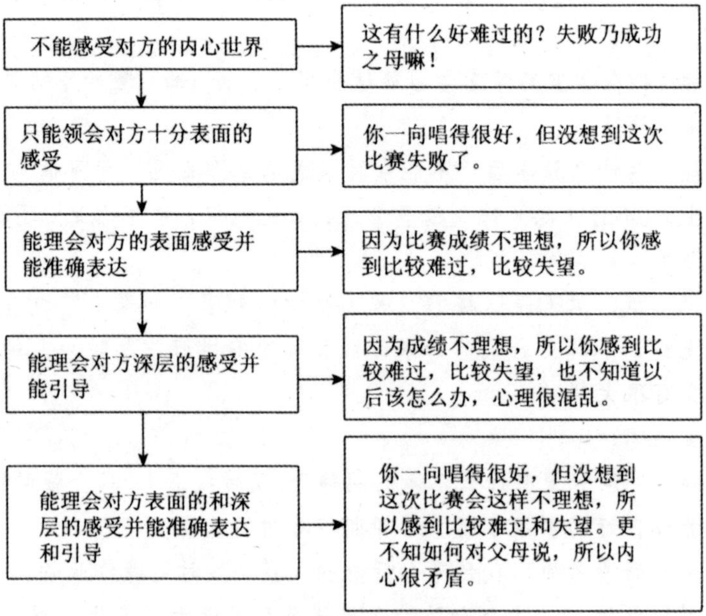

图 2–1　同理心的五个表达层次

教师缺乏同理心的案例

[案例一]

某学生在语文学习上存在一定的困难，不会写作文，考试不及格。为此，他想找老师补课，可又怕老师不耐烦。因此，他苦恼，思想压力很大。一天，上课走神，又招来老师劈头盖脸一顿批评：“学习那么差，还不专心听讲。你以为你很聪明吗？不想听我讲课，你可以出去呀！我没拦着你！你不想听我讲课，作业也不要交给我，我还不想给你改作业呢！”从这以后，这对师生僵持数日。这位老师连续数日不批改学生的作业，一心等着学生来道歉，而学生却在默默地期待着老师批阅自己的作业。在连续几日的期盼落空后，该学生难过、失望、不满，最后放弃了语文学科。

[案例二]

某学生在班里，成绩排名一向都是数一数二，很受班主任的喜爱。一次，这名学生欺负了另一名成绩比较差的同学，被欺负的学生找班主任“告状”，班主任很不耐烦地说：“某学生是非常优秀的学生，他怎么可能欺负你呢？他为什么不欺负别人偏偏喜欢欺负你？根本就是你不好！”成绩差的学生含冤无处申，被班主任宠着的学生更加嚣张。

在教师的日常教育教学中，常常会有教师因缺乏同理心以自己的主观意志处理学生问题，常会自觉或不自觉地使用带有压制性、打击性、讽刺性、武断性等言语损害学生人格尊严，损伤学生的心理健康。

（三）表达同理心时的六项基本立场（见图 2-2）

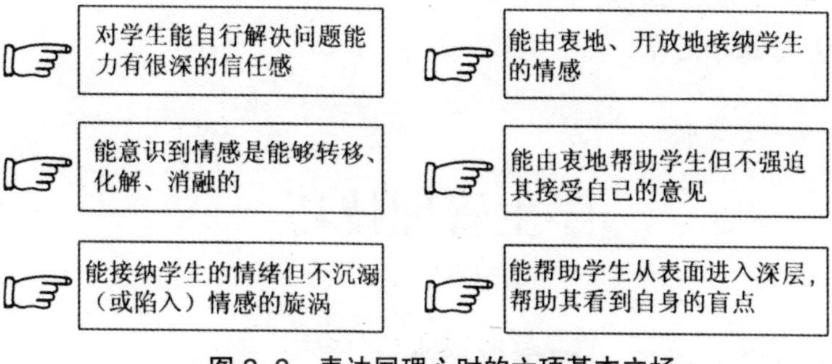

图 2-2　表达同理心时的六项基本立场

（四）传递同理心时的教师文明用语与忌语

传递同理心时教师常使用的文明用语如下：

（1）只要肯下功夫，就一定能学好。

（2）老师相信你可以做得更好。

（3）你真的很出色。

（4）你一定能行。

（5）你的回答很独到。

（6）老师很愿意帮助你。

（7）你别急，再想一想，你会回答得很好。

（8）谁都可能会有错误，只要改正了，你仍然是好样的。

（9）你很有个性，希望你发扬长处，克服不足。

（10）谢谢同学对老师的信任和支持。

传递同理心时教师可能使用的忌语如下：

（1）你真给我们班丢脸。

（2）你再这样，我就找家长来学校了。

（3）我教这么多年书，没见过你这样笨的。

（4）你把这道题再给我抄50遍。

（5）别人都懂了，怎么就你不懂。

（6）不愿意上课就出去。

（7）你们就像景德镇的瓷器一样，瓷得出名。

（8）你真让我失望。

（9）你真是无可救药了。

（10）给我站起来。

学生管理技巧

一、对学生进行心理辅导的技巧

促进学生个性健康发展是心理健康教育的第一位目标。一般说来，同一年龄层次的学生，心理发展水平基本上处在同一层面上。他们在智力、人格的发展中所遇到的问题和困惑，大体呈现出一种普遍性和规律性。教师对这方面知识的掌握，以及具有针对性的集体辅导或个别辅导，对于提高中小学生心理素质、防止因缺少关怀、引导而发生的心理不适应、心理障碍或心理疾病，具有极为重要的作用。具体操作技巧如下：

（一）调动学生主动参与的积极性

教师在对集体进行心理辅导时，如果调动不好，没有氛围，学生沉闷不语，老师就只好点名回答问题，那还有什么主体性可言？而氛围的创设又和教师的精神状态是否振奋有直接的关系。如果教师心不在焉，或应付任务，或居高临下，那么学生就不可能出现主体参与的积极氛围。

（二）教师要避免喧宾夺主

从目前常见的教师辅导情况看，教师有时会不自觉地接学生的话茬，接过来后就滔滔不绝，一直说到学生两眼发直为止。所以，教师一定要改变“讲课”的老习惯，把注意力集中在引导学生之间的相互沟通上，不要讲得太多，不要喧宾夺主。

（三）集体辅导要照顾到每一个学生

集体辅导时要确保每个学生都被辅导教师注意到了，并关心每一个学生的发言是否都被大家听清了。当辅导教师因种种原因未能听清时，有必要委婉地追问：“你的意思是说……是吗？”以表示自己对该学生的关注与尊重。同时，教师要引导全体学生注意倾听每一位同学的发言，因为只有当每一个学生都切身体会到自己是被团体高度重视和注意着的时候，他的主体意识和主动精神才会焕发光彩。

（四）教师必须具备三种人格特质

真诚——辅导教师是一个真实的自我，没有虚假的外表，愿意和学生一起表达真实的情感和态度。而教师的这种真诚，也会换来学生真实的自我。

关注——无条件地、积极地关注与接纳，不对学生的思想、情感、行为的好坏强加评估，使学生得以自由地表达情感体验，而不必担心失去教师的信任和接纳。但这里要强调指出：所谓无条件接纳是指尊重学生抒发感情、发表观点的权利，而并非同意他所有的看法或行为。因为，教师若是在表情言语的反应上略有好恶之感的流露，学生就会立即设置心理防御，那么人格的改变也就不容易发生了。

共情——辅导教师设身处地地理解对方，能感受到学生的情感，包括感受到学生不明显、不清晰的情感，如同感受到自己的情感一样。但教师的共情不等于情感的迷失，不等于和学生有同样强度的情感表达。

（五）不要把学校个别心理辅导看成是一种密切的师生谈心活动

学校个别心理辅导是很认真的心灵交流，不是一般的师生之间的谈心，它一定要在正式的心理辅导室内进行，并以保密为其首要原则。因此，它不允许在大庭广众、人声嘈杂的校园、教室、教师办公室等公开场合进行，因为那会有碍当事学生情感的正常表露，也不利于辅导教师全神贯注地倾听对方的讲话，并作出适当的反应。再则，心理辅导是一种特殊的人际关系，它以平等为前提，以同感为基础，并要求心理辅导教师与当事人之间保持一段距离，其目的是为了确保前者对后者的客观立场，并充分尊重后者的自主能力，以便使辅导对象能客观地认识自我，开发自我，进而迈向自我完善与自我实现。按照张日升教授的观点：咨询专家与来访者是一种共同成长的存在关系，从某种意义上说，也是一种相互协作的关系。但是，这一关系不得超越咨询活动的范围，咨询人员在约定的咨询时间以外，不得与求询者见面或建立咨询活动以外的任何联系。这里也是指辅导人员要保持应有的中立性与公正性。但是，对于学校心理辅导工作而言，要做到这一点有时是有困难的。从我国目前的学校现状来看，负责个别心理辅导的教师，多数是兼职，因此他们与来访学生之间除咨访关系之外，还有师生关系，甚至还有班主任与本班学生的关系。就后面两种教育关系来说，则要求教师与学生之间建立一种亲密的人际联系。这样，当教师在充当辅导人员角色时，就很容易自觉不自觉地将辅导过程演变成一种亲密的师生之间的谈心过程，这一点是尤其应注意避免的。学校心理辅导教师在从事辅导活动时，要注意把咨访双方定位在一种亲切、自然而又具有中立性的关系上，使其带有一定的“距离美”，以促使当事人能独立思考与自我决策。

（六）严格保密

学生心理辅导应“助人自助”。心理学的理论目标在于“预见和控制行为”。因此，对来寻求心理帮助的学生，不问他的姓名、班级、身份等情况。有其他教师想要询问其相关情况时，都一概保密，否则一旦泄露消息，其他学生就不会主动来做心理咨询，当然信任更不用谈了。

二、转化后进生的技巧

在这里，后进生指的是由于学生心理、生理发展尚未定型，在学习习惯、认知程度上暂时跟不上其他学生发展水平的学生。事实上，由于智能因素而出现的后进生是少数，绝大多数是由于学习习惯、心理因素等原因。

（一）查找成绩差的原因

学生成为后进生都有一定的原因，因此应及时家访，做好调查，写好观察记录，认真分析研究，然后从教师、学生、家长多方面分析，从学生本人的基础知识、基本技能、兴趣爱好、学习态度等多层次考虑，探究其成为后进生的原因，以便今后对症下药。

后进生的成因如下：

（1）先天因素：遗传因素、身体残疾、生理障碍等。

（2）教育因素：学校追求成绩、教师教育方法不当，缺乏耐心、态度粗暴。

（3）家庭因素：溺爱、暴力、离异、家长不良嗜好等。

（4）心理因素：注意力分散、缺乏意志力、自卑、压力大等。

（5）环境因素：网吧吸引、攀比同学、媒体影响等。

（二）耐心引导，期待进步

后进生的转化工作不是一两天就能完成的。由于受年龄的局限，叛逆心理较强，加上环境的干扰，不良现象的诱惑及性格影响，良好品德的形成过程中往往会出现反复性，教师的教育也需要多次反复。而后进生往往又是“左耳进右耳出”，把教师、家长的话当成耳边风，刚刚还对听到的话滚瓜烂熟，才一转身就又忘了，总是被批评、做保证，然后被表扬又继续做错事。初步进行转换时情况一般都是进步不明显，考试成绩没有什么变化。变化在长期的工作之后才会出现，所以教师只有耐心地给予指导，并在课下与他们沟通，和他们一起总结成绩与不足，端正其学习态度，关心其生活中出现的问题，像朋友一样与其交流思想，耐心启发引导，期待他们的进步。

（三）抓住后进生的心理特点

不同后进生的成绩差的原因也会有所不同，有看武侠小说入迷而无心学习的，有因家庭存在矛盾影响学习的，也有的因早恋而无法集中精力学习的，等等。教师一方面给予他们充分尊重、理解和信任，另一方面要根据他们不同的心理特点，以他们乐于接受的方式“对症下药”，进行个别心理指导，让他们把主要精力用在学习上使他们走出心理误区。

（四）发掘优点，展示才能

后进只是一种现象，并非实质。后进生和先进生都渴望进步，若能找到后进生的爱好和特长，给予及时肯定，并加以引导，同时多给他们创造展示才能的机会，让他们从中得到锻炼，看到自身的价值，找到自己在班集体中的位置，那么后进生是会转化的。

在后进生身上有一共同特点，即办事热情较高，交给他们的工作能积极主动地去做，但工作方法不尽人意，有时还会使用暴力。教师可根据这些优点给他们安排适当的工作。例如，让他们担任体育委员，负责班上体育方面的所有工作，让他们自己去安排、管理、落实；让他们担任劳动、生活委员，班上值日工作、包干区、大扫除等，都由他们分工、具体落实措施。让他们在做事的过程中获得成功的快乐体验，那么无论事情大小，只要他们尝到一定成功的快乐，便会渴望再次体验成功。转化后进生只要抓住时机和重点并辅以行之有效的方法和方式，后进生各方面将会取得令人满意的效果。

（五）满足后进生自尊心理需要

心理学讲，每个人的心理上都有自尊的需要。后进生多数本来也有很高的学习欲望和热情，但由于兴趣、爱好、学习方法不当等原因导致了其暂时学习上的失败。这时，如果家长或教师采取简单粗暴的方式对学生进行训斥、讽刺、挖苦或以失望、不理睬、歧视等态度对待他们，就会伤害他们的自尊心。中小学生的心理还不成熟，容易走极端，在自尊心受到伤害时，往往以破罐子破摔的行为进行报复。在这种心态支配下，你越是逼迫他学习，他越是有反感，学习成绩会越来越差。因此，转化后进生必须满足他们自尊的心理需要，防止产生逆反心理，特别注意以平等、尊重、信任、友好、关怀的态度对待他们。后进生学习成绩差，心理压力也大，更需要教师的理解、同情和关心，所以要和他们多接触谈心，和他们交朋友，满足他们的心理需求，形成一种融洽的师生关系。

（六）帮助后进生摆脱自卑、树立自信

尽管许多后进生对学习上的失败摆出一副满不在乎的样子，而实际上他们的内心深处埋藏着沉重的自卑感。让后进生摆脱自卑、树立自信，首先应讲明道理，使其明白学习成绩差并不意味着智力就一定差，只要自信、自强、方法得当、刻苦努力，就一定能赶上优等生。其次，课堂教学中要设计一些后进生能够回答上来的问题让后进生回答，并及时表扬。这样后进生就能经常体验到成功的快乐，不断增强自信心。最后，课下给后进生开“小灶”，加强学习方法的指导，课前和他们共同预习、找出疑难，让他们会独立思考；下课后和他们共同讨论疑难并检查学习效果。每次考试前应专门和后进生一起分析课本的重点难点，给他们讲做题、答题的技巧，还要坚持“跟踪辅导”，这会使他们慢慢地学会科学的学习方法，不断提高学习成绩。后进生也会从中得到更多喜悦感和成功感，逐渐摆脱自卑、树立自信心，增强学习的主动性和积极性。

（七）抓住契机，适时教育

班主任对后进生进行思想教育，也应该注意适时、适地地进行，抓住契机，深入学生心灵深处。教育人为地拔高，说一些大道理，学生思想尚未“启蒙”，跟不上班主任的教育节拍，效果自然不会明显。错过最佳时机，思想教育也就成了“雨后伞”“马后炮”，不会起到应有的作用。

由于后进生的学习成绩较差，学习起来有些被动，容易产生厌学、畏难的思想情绪，自然上课时就会不自觉地讲话。例如，上课时几名后进生说话，教师就可以针对这种情况抓住时机组织班会，可以以“怎样遵守课堂纪律”“为什么学习”等为主题，最主要的是要有意安排这几名学生发言。通过讨论，明确学习目的，诱发他们的学习潜能。

（八）严格要求，请家长参与管理

教师对学生的严格要求是保证教师意愿成为现实的前提，家庭教育则是巩固学校转化效果的保证。任何一个后进生的转化教育都离不开学校和家庭教育的结合。因此，对待后进生每月至少家访一次，建好学校家庭联系卡，使家长了解孩子在校的表现，也使教师了解学生在家的动态，使双方共同努力，促进转化的进程。

三、与学生谈心的技巧

人与人之间，最容易引起共鸣或达成共识的方式有很多，沟通和交流则是其中最主要、最直接的方式之一。而谈心，这种面对面的沟通交流方式尤为普遍。谈心，既是教师对学生进行思想教育的一种常用的形式，也是教师和学生之间心灵交流与情感沟通的桥梁。

（一）谈话要明确目的

教师在谈话前，要明确谈话的目的，考虑谈什么，怎样谈，争取得到什么样的效果，选择有说服力的材料。另外，在谈话前对学生存在的问题做详细的调查了解，如学生的思想状态、个性特点等。

（二）讲究时间和环境

谈心是借助一定的时间，在一定的环境里进行的。有的教师习惯在课前、饭后、课间把学生叫到办公室，当着许多教师的面与学生谈心。这对学生会造成很大的心理压力，加上别的教师在一旁“敲边鼓”，有可能会影响教师的正确判断，也会使学生心理上产生反感。这时候学生的心灵是封闭的，无论是苦口婆心的说教，还是校风班纪的教导，都不会产生好的效果。如果班主任把谈心的时间安排在较充裕的时间里，地点安排在无其他教师和学生干扰的地方，或校园里一个安静的角落里，就容易取得预期的效果。

（三）创设融洽的气氛

教师在找学生谈话时尽量不要采用站姿，因为这种姿势最容易给周围学生一种错误的暗示：这学生犯错误了，挨老师批呢！很容易给当事的学生造成心理压力，损害学生自尊。建议教师可以采用师生坐下（一般说来并排坐比面对面坐，更容易缩短谈心双方的距离）或以散步的形式在操场上谈心，这样可以为学生创造一个宽松的心理环境。

教师要遵循的谈话原则如下：

（1）要注意态度和蔼、语气亲切。

（2）谈话要以夸奖鼓励为主，扬长避短，帮助学生克服缺点。

（3）讲话要有幽默感，注意缓和紧张气氛。

（4）要略带一些自我批评，使学生学会体谅、理解教师。

（5）注意引导学生积极乐观的生活学习态度。

（6）对学生说出的内心秘密，教师要保密。

（四）讲知心话

谈心时，教师不可一味地说教，不能信口开河，让学生摸不着头脑，理不清头绪，也就无从参与。与学生谈话要讲真话，讲实话。每个学生都有其独特的个性和学习、生活习惯。因此，教师要从学生的学习和生活中的每件实实在在的小事说起，这样能让学生感受到教师的真诚，学生也易于接受、乐于接受。

（五）要及时抓反馈

检查方式可以是教师直接观其行和听其言，也可以通过其他学生间接了解。发现有进步，就要及时表扬、鼓励。如果发现谈话没有效果，教师就要及时查找原因，对症下药。

四、哪些是不能公开处理的学生问题

班级就像是一个家庭，永远都有解决不完的琐碎事情。但教师在处理这些事情的时候，应该耐心分析事情的前因后果，特别是班级内发生的一些事情是不能公开处理的，否则会造成很大的负面影响。

（一）要妥善处理男女生间互传纸条的问题

首先这个问题已经涉及了学生的隐私，教师一定要给予充分尊重。如果教师将问题公开处理，一方面对当事的学生来说可能会促使学生弄假成真，一发不可收拾；另一方面也有可能引起其他学生的模仿，影响班级风气。

[案例]

一天课间，我班一个女孩子跑过来，对我说："老师，我告诉您一件事，您不会认为我是在嫉妒别人吧？"我非常诚恳地对她说："当然不会，老师相信你！"她递给我一张小纸条，说是在地上捡的，是班上一个长得很漂亮的女孩子写给外班一个男孩子的。我对她说："你把纸条交给我，没有到处声张，做得很对。我怎么会认为你是在嫉妒她呢？对这个同学，我得慢慢做工作，你放心吧！"我让她走了。我找到写纸条的女孩子谈话，心平气和地问她："你怎么想起写这个？"她说："我们是同一个镇上的，他会折桃心，我想让他帮我折一个。"我说："原来是这样，你口头告诉他就可以了，没必要传纸条，你说呢？"她点点头。我像朋友一样告诉她："做事时要考虑方式、方法，不然别人会误解你的。"她感激地说："我知道了，谢谢老师！"

（二）要妥善处理班里丢东西的问题

处理班里丢东西的问题时，教师可以在众人面前说明"别人的东西不能拿。""你可以悄悄地把东西放回去，老师原谅你！"教育学生做一个诚实的人，但是不能当众审某个学生，更不能随意搜查学生的书桌，这也是违法行为。教师可以个别了解情况，进行个别教育。即便已经找到了是哪个学生拿的，也不要在全班同学面前说。

（三）要妥善处理学生看黄色书籍的问题

如果发现学生在课堂看黄色书籍，教师千万不要大惊小怪，更不能大声斥责"你怎么看黄色书籍？"中学生正处于生理发育期，加之我国青少年性教育的匮乏，学生大多自己通过各种途径寻找答案，解除心中的疑惑。此时，教师可以做如下事情。

（1）压住心中的怒火，默默走开，待下课单独解决问题。

（2）告诉学生有渴求性知识的意愿是正常现象，为学生介绍一些有关青少年性教育的书籍，引导学生从正规的渠道获得性知识。

（3）争取家长的配合，要求家长给孩子讲一些相关的生理发育知识，并监督孩子上网。